戴　耘　付艳萍　著

美国精英高中基因解析

华东师范大学出版社

目　录

前言

2010年，我在主持国家自然基金委资助的"中国科协青少年科技创新人才培养项目（三期）"这一课题研究时，通过华东师范大学赵建教授介绍，认识了在纽约州立大学任教的戴耘教授。戴教授长期从事高端人才培养的研究工作，功底扎实、视野开阔，是该研究领域不可多得的人才。2011年戴教授被聘为华东师范大学紫江教授后，立即加入了我们的研究团队，与各位成员一起在中国各地的项目实验高中从事调研和培训工作，为项目研究的深入和成功进展作出了重要贡献，发挥了不可替代的重要作用。借助戴教授与美国精英高中之间的广泛学术联系，我们团队与美国的精英高中迅速建立了联系。除了在每年一度的高中教育论坛上邀请美国相关领域专家和知名高中校长来中国演讲和指导工作外，我们团队的成员和部分项目实验高中的校长老师先后于2011、2012、2014、2015年四次赴美国考察访问。访问以纽约市为主，跨越了新泽西、北卡罗来纳、伊利诺伊等多地，考察学校达16所之多。这种实地的听、看和学习，让参访者大开眼界、深受震撼，对归国后推动普通高中拔尖学生培养的课程与教学改革产生了极大的帮助。如，新泽西州"高科技高中"（High Tech High）的工程课"老鼠夹变身两轮车"机械设计项目，伊利诺伊数理学院的生物课，纽约市布鲁克林科技高中的艺术与建筑课，纽约市城市学院数理高中的美国宪法史课等，直到今天都让我念念不忘，记忆犹新。其中美国宪法史课后来还成为2013年研讨会上戴教授"美国教师怎样上政治和历史课"主题报告中的重点案例。本书的作者之一付艳萍（现任教于河南师范大学）曾是华东师范大学与纽约州立大学联合培养的博士生，在美国留学期间也走访了数个私立和公立高中。因此，今天大家看到的这本书，与一般走马观花介绍美国精英教育的书籍不同，是长期在美国工作和学习同时又熟悉中国教育的学者的心血之作，其中记录了难得的跨文化经历、观察和见地。

精英教育，正在成为我们这个急需大量拔尖创新人才国家的关注重点。当然，如何定义高中阶段的精英教育，就和我们如何定位中国的重点高中一样，是一个需要探讨的课题，有不同的看法十分自然。本书作者把美国的精英高中分成传统公立特殊高中，20 世纪 80 年代崛起的州长学校以及历史悠久的私立精英高中三类(前三章内容)。这三类学校历史不同，办学宗旨各有侧重，课程文化各具特色，但其共性都是致力于培养各个领域具有社会影响力的高端人才。正因如此，这些学校在课程、师资、社会资源乃至学制上也都面临挑战和制约。本书中的"基因解析"对美国精英高中的组织架构与行政管理、招生选拔、课程与教学、师资建设、教育资源、校园软环境，逐一进行了描述和分析。这种分析和描述可以让我们看到这类学校运作的内在逻辑和机制，使我们能更深入地了解实现普通高中向精英高中提升的必要条件。我在戴教授和蔡金法教授合作主编的《英才教育在美国》(浙江教育出版社，2013)一书中，指出了中国高中阶段英才教育的多方面短板。如何加强这些短板，本书有许多有益的参照和建议。我还提出人才培养是系统工程，涉及方方面面的共同努力，需要时间和耐心去营建，需要平和淡定的文化环境。本书也有意识地指出政策导向、课程设置、社会力量支持、师资队伍建设等方方面面的互相促进或互相制约的关系。对于有志于这项探索的教育实践者来说，本书可以帮助我们针对中国教育的短板，找到成功建设精英教育的路径。

戴教授说这本书主要是为校长和教师写的。本书包括了许多细节和案例，材料翔实，立论有据，操作性强，是一本接地气的好书。凡有志于这类教育的仁人志士，皆可借本书之契机深入思考和实践，身体力行地推动这项开拓性工作。同样，所有关心中国教育发展的利益相关者也能从中获得启示，其中包括中国千千万万希望自己孩子成才的父母，这本书会让他们了解人才和精英的真正含义，以及高中阶段孩子成才的关键。从更广阔的背景看，这本书也为我们思考中国教育何去何从提出了问题，尤其是最后一章(第十章)对中美教育的比较，对精英教育文化内涵(抱负、眼界、情怀)的概括,特别能够激发中国教育工作者的思考。21世纪是中美博弈的世纪,有合作也有竞争。在精英教育上,两国的教育学者和实践者如能认识两国的文化和历史差异,同时互相借鉴对方的长处,则是我们值得期待的未来,这也是本书的价值所在。

霍益萍

导言

呈现在你面前的这本书是我们用时三年对我们多年研究工作的一个总结。作者之一戴耘博士是纽约州立大学奥尔巴尼分校教授,教育心理学和人才学学者,在他 2011 年参加霍益萍教授的研究团队,担任华东师范大学紫江讲座教授(2012—2015)期间,一直关注中国的高中教育,尤其是重点中学课程发展与人才发展的关系。本书的另一作者付艳萍博士当时在华东师范大学读博,关注教育政策和管理的问题。由于其获国家留学基金委资助赴美访学,有机会与戴耘教授一起访问学校、讨论问题,并在那里启动了她的博士论文研究。也就是在那时,我们酝酿写作这样一本书。

我们从一开始就决定要写一本教育工作者感兴趣并觉得有用的书。我们确定了读者对象主要是关心或有志于开拓高中阶段精英教育的人士,其中包括高中(尤其是重点高中)校长和管理人员,正在讲授高端课程或有志于提升自己教学水平的高中教师,也包括对自己子女有成才期待的无数父母。我们试图通过对美国精英高中实例的展示和分析,让读者看到美国精英高中的基本面貌,以及它们是通过何种途径实现它们的骄人成就的。而本书更直接的用意是,激发教育工作者对如何在中国的社会文化背景下兴办或办好精英学校产生思考。

"精英教育"并没有一个统一的定义。我们在本书提及的三类学校也是各有特点。"精英"这个概念也经历了历史的嬗变,不同时代对"精英"的理解也不同。从最宽泛的意义上说,"精英"指社会中那些对各领域有杰出贡献而具有社会影响力的群体。自然,"精英"的隐含意味是,这是一个有相当"话语权",能引领社会潮流和发展的群体,这是公众影响力的指标。除非提倡民粹主义,否则每个社会都需要一个有社会责任感、能够发展和提升社会发展水平的精英群体。"精英教育"的目的不是刻意去营造一个高高在上的精英群体,而是把培养各领域的高端人才作为教育目标,换句话说,精英教育的目标是培养英才和未来的"领军人物",英才中的一些人,由于他们的成就和贡献,会成为社会精英。固然,即使没有专门的"精英教育",也还是会有许多精英人才脱颖而出,还是会有许多优秀的教师和优秀的父母培养出精英人才。同样不可否认的是,精英学校(如哈佛或巴黎高师)确实培养出了大量杰出人才。在基础教育阶段,英才教育有利于更多人才脱颖而出,而不是因为社会的忽视和教育的不力被埋没。

根据我们对精英教育的理解,我们确定了本书中"精英高中"的主要对象:传统公立选拔性特殊高中(主要分布在美国各中心城市)、20世纪80年代兴起的州长学校(大部分在州府所在城市)以及历史悠久的美国私立精英高中(集中在最早开埠的美国东北部,即"新英格兰"地区)。本书前三章分别介绍这三类学校的历史、特点和成就。在描述了这三类学校的基本面貌的基础上,我们逐一对这些学校的政策和管理(第四章)、选拔录取的标准和程序(第五章)、课程与教学(第六章)、师资队伍的建设(第七章)、教育资源的建设与保障(第八章)、校园软环境(第九章)作更为具体的分析和描述。最后的第十章,我们从社会和文化角度比较美国精英高中和中国重点高中的差异,分析美国精英高中的借鉴意义以及在中国实施精英教育或英才教育会遇到的问题。我们最终的目的,是通过本书为关心精英教育的人士,尤其是那些有志于精英教育的教育工作者,提供一个思考和探索的契机。

本书从酝酿到成书,得到了许多方面的支持。华东师范大学为戴耘先后提供了紫江讲座教授和心理学与认知科学学院兼职教授的荣誉,使他有机会了解国内高中课程改革的进展。国家留学基金会为付艳萍提供了在读博阶段赴美访学的机会,使她获得和戴教授合作的机会。特别感谢霍益萍教授和朱益明教授(付艳萍的博士生导师),正是他们的各种支持促成了这次合作。还有美国许多高中的校长、教师、学生,他们对我们的到访给予热情、慷慨的接待,积极提供信息,使这本书得以建立在第一手资料上。我们也在此一并致谢。

作者　于2018年12月30日

第一章　传统选拔性特殊高中：公立学校中的佼佼者

一、历史简述

美国公立精英高中，应该溯源到波士顿拉丁学校。它是北美洲最早成立的公立学校，成立于 1635 年，到美国独立建国时（1776 年），已经有了一百多年的历史。学校起初是为北美最早开埠的波士顿婆罗门（Brahmin，即社会文化精英）精英子孙们设置的。学校的口号"我们第一"既是在说学校是当时首创，也是在说学校首屈一指。学校从 18 世纪开始遵循当时的潮流提倡"经典教育"（classic education），注重西方精英文化的传承，所以学校开设拉丁语课程，也就不足为怪。为了让这些精英后代继续深造，1636 年在与波士顿一河之隔的剑桥城建起了一所"哈佛学院"，这就是大名鼎鼎的哈佛大学的前身。此后的 19 世纪，波士顿、费城、巴尔的摩也建立了几所类似的公立高中，它们称得上是公立精英高中的先驱。然而，20 世纪中期以前，美国的精英学校主要为私立学校。严格意义上说，美国私立高中，尤其是在新英格兰地区为常春藤大学输送学生的所谓"大学预备学校"（college prep schools）有着更纯粹的"精英"传统（详见第三章）。

美国法律规定 6—16 岁儿童为学龄儿童，必须接受"强制性"（compulsory）的基础教育，这个法律在 19 世纪至 20 世纪初还有防止雇佣童工谋利的考虑。和许多国家一样，美国的基础教育也是在 20 世纪得到了长足的发展。统计显示，1910 年，美国成人中获得高中文凭的人数仅占成人人口的 13.5％，而到了

2012年这个比率达到了87％。美国基础教育的历史是一个逐渐从性别歧视和种族隔离走向面向全民、强调公平公正的过程。随着高中教育的普及和"去精英化"，学生的多样和分化构成对教育管理者提出了新的挑战。和德国从初中开始就分流不同，哈佛大学校长詹姆斯·柯南特（James Conant）在1959年提出了学校内部分流分层（comprehensive with tracks）的高中模式，即学校内部分为进入职校发展和进入大学深造这两种不同的"轨道"。后来有些学校还做了"校中校"的安排（即学校设置学业要求较高的独立计划，接纳一部分优秀学生）。校内分流显然不能满足高中多样化的需要，尤其是培养高端人才的需要。所以到20世纪70年代，大量的跨学区的"磁石学校"（magnet schools）出现，这些学校提供特色课程，使不同学生的不同兴趣和特长都得到发展。这些磁石学校中的相当一部分成为接纳优秀人才的选拔性高中。

　　同时，20世纪80年代的一次教育危机也成为选拔性高中生长的契机。1983年，里根总统任期中在教育部长贝尔的牵头下对美国教育状况进行调查，得出了令人警醒的结论。这份题为《国家在危机中》（A Nation at Risk）的报告批评了美国教育的平庸。就高中而言，有不少学者批判基础教育与高等教育的脱节，认为应该打通高中和大学的壁垒。一部分带有实验性和示范性的高中应运而生（其中包括托马斯杰佛逊高中以及一批州长学校，后者在第二章详细介绍），它们大多建在大学校园里，和大学共享资源，对学生的要求也高于一般高中。由于这些学校规模较小，通常只有几百个学生，自然成为高中里的翘楚，"选拔性"随之而生。

　　还有一部分选拔性公立高中最初属于专科学校，如位于纽约市曼哈顿区的史岱文森高中，其成立于1904年，最初仅是纽约市的一所手工培训男校，由于学校在数学和科学领域的成就突出，有意愿申请的学生越来越多，远远超过学校可以接纳的人数，于是学校从1919年开始要求申请者提供学业成绩。第二次世界大战前夕，大量犹太人涌入纽约市，史岱文森成为犹太人子女竞相争取的学校，最多时该校有90％的学生为犹太裔。学校1969年开始接收女生。史岱文森历史上一直是纽约市最受青睐的公立高中，渐而形成其精英学校的地位。因此，我们可以说，有不少公立精英学校并非刻意为之，而是经过不断发展自然而然形成的。在纽约市的400多所高中里面,有8所学术性"特殊"高中,分别是史岱文森高中(Stuyvesant High School),布朗克斯科学高中(The Bronx High School of Science),布鲁克林拉丁学校(Brooklyn Latin School),布鲁克林科技高中(Brooklyn Technical High School),城市学院数理高中(High School for Mathematics, Science and Engineering at the City College),雷曼学院美国研究高中(High School of American Studies at Lehman College),约克学院皇后区科学高中(Queens High School for the Sciences at York college),斯塔顿岛科技高中(Staten Island Technical High School)。这些特殊学校不仅提供免费的、优质的教学,还被冠以全美最好高中的称号。很多学生从这里毕业后直接迈向了全美最好的大学或学院,并成为国家在经济、政治、市政等领域的领导者。然而,它们的发展并非一帆风顺。

在美国的基础教育史中,始终有两种力量主导教育的走向。在林顿·约翰逊(Lyndon Johnson)总统任期期间,担任美国健康和教育部长的约翰·加德纳(John Gardner)在1961年出版了一部重要著作,题目是《卓越:我们能够做到既平等又卓越吗?》(*Excellence: Can We Be Equal and Excellent Too?*)。平等和卓越,公平和卓越,一直是美国基础教育中最纠结的矛盾。作为民主国家,美国没有英国或法国的贵族传统,所有人都应该有同样的受教育权利和机会,这成为人们的共识。同时,美国文化中也有追求卓越的传统。而卓越意味着有一部分人会获得难得的深造机会。历史上少数族裔和穷人的劣势地位和政治诉求,使这一问题更加复杂。在平等、公平和卓越之间如何拿捏分寸,一直是美国政治生活中的挑战,有时甚至引发诉讼和最高法院裁决。在大学阶段,这个问题得到较好的解决,即采用双向选择,学生选学校,学校选学生,这在理论上保证了公平原则。但在基础教育方面,为某些优秀学生提供更多深造的机会,常常被指责为"精英主义",违反了平等原则。平权的政治诉求常常蜕变为教育的平均主义(吃大锅饭大家没意见,但不允许为一些人开小灶)和不作为。约翰·加德纳对教育平庸的忧虑,以及教育部《国家在危机中》报告,构成了美国20世纪后期大量选拔性高中诞生的重要背景。

截至2012年的不完全统计,美国有165所公立选拔性高中(包括下一章单独介绍的州长学校),主要分布在经济发达地区。从地理位置来说,主要分布在东部,其次是中西部,其中纽约州24所,新泽西州16所,宾夕法尼亚州14所,伊利诺伊州12所;此外,加利福尼亚州、德克萨斯州、路易斯安那州各有9所。

表1-1 公立高中全美排名前十名一览表(2016学年)

学校	2016年全国排名*	创建时间(年)	包括年级	学生人数	生师比	AP课程通过率(百分比)	大学入学准备度(百分制)①
资优学生高中(School for the Talented and Gifted)	1	1982	9—12	253	15:1	99%	100.0
斯科茨代尔基础中学(BASIS Scottsdale)	2	2003	5—12	698	N/A	94%	100.0
托马斯杰佛逊科技高中(Thomas Jefferson High School for Science and Technology)	3	1985	9—12	1846	17:1	100%	100.0
格威内特数理高中(Gwinnett School of Mathematics, Science and Technology)	4	2007	9—12	851	18:1	95%	100.0
数理磁石高中(School of Science and Engineering Magnet)	5	1982	9—12	386	16:1	84%	100.0
卡内基先锋高中(Carnegie Vanguard High School)	6	2002	9—12	590	17:1	90%	100.0
学术磁石高中(Academic Magnet High School)	7	1988	9—12	610	14:1	98%	100.0
托尔森大学附属高中(University High School, Tolleson)	8	2006	9—12	460	34:1	95%	100.0

————————

① "大学入学准备度"英文原文为College Readiness,意指学校对学生升入大学的准备程度,包括开设AP课程、大学先修课程等等。

学校	2016 年全国排名*	创建时间（年）	包括年级	学生人数	生师比	AP课程通过率（百分比）	大学入学准备度（百分制）
拉莫学院(Lamar Academy)	9	1991	9—12	106	6∶1	50%	100.0
吉尔伯特经典学院(Gilbert Classical Academy)	10	2007	9—12	220	11∶1	82%	100.0

＊根据《美国新闻和世界报道》2016 年对全国 21 000 所高中的排名。

表 1-2　纽约市选拔性高中全美排名暨学校情况一览表(2016 学年)

学校	2016 年全国排名*	创建时间（年）	包括年级	学生人数	生师比	AP课程通过率（百分比）	大学入学准备度（百分制）
雷曼学院美国研究高中(High School of American Studies at Lehman College)	11	2002	9—12	393	16∶1	91%	100.0
约克学院皇后区科学高中(Queens High School for the Sciences at York College)	25	2002	9—12	399	18∶1	95%	97.7
布鲁克林拉丁学校(Brooklyn Latin School)	27	2006	9—12	508	16∶1	96%	97.4
斯塔顿岛科技高中(Staten Island Technical High School)	44	1982	9—12	1 186	21∶1	92%	90.4
布朗克斯科学高中(The Bronx High School of Science)	51	1938	9—12	3 054	22∶1	96%	88.9
城市学院数理高中(High School for Math，Science and Engineering at City College)	78	2002	9—12	438	14∶1	89%	84.1

学校	2016 年全国排名*	创建时间（年）	包括年级	学生人数	生师比	AP课程通过率（百分比）	大学入学准备度（百分制）
布鲁克林科技高中（Brooklyn Technical High School）	93	1922	9—12	5 442	22∶1	84%	81.4
史岱文森高中（Stuyvesant High School）	96	1904	9—12	3 285	21∶1	98%	81.1

＊根据《美国新闻和世界报道》2016 年对全国 21 000 所高中的排名。

二、两种类型的特殊高中

　　美国公立精英高中的历史跨度大,类型林林总总,但大部分都可以描述为"选拔性的特殊高中"(其中 20 世纪 80 年代前后兴起的"州长学校"属于一个特例,我们在第二章单独介绍)。"选拔性"意味着这些学校和其他按"学区"就近入学的学校不同,它们向更大区域开放,择优录取。这一点,和中国的重点高中基本一致。其次是"特殊",有两个意思,一是指强调学有专攻,有些是科学,有些是艺术,即这些学校以培养专才为导向,所以称为"specialized schools",这一取向和传统的美国私立学校注重博雅的精英传统有所不同;特殊的另一个意思是这些学校的学校文化和课程与常规高中不同,走的是"高端路线",像波士顿拉丁学校、布鲁克林拉丁学校、雷曼学院美国研究高中等更注重人文情怀、思想底蕴、社会参与,更偏向于博雅(通识)教育,这个取向和传统精英学校更契合。应该说这两种取向在"特殊学校"里普遍存在,相辅相成。

　　下面我们将介绍"特殊学校"的类型。由于纽约市的"选拔性高中"具有代表性,且知名度高,因而我们重点以这些学校为例,兼顾其他地区的一些代表性学校。

（一）理工类特殊高中

史岱文森高中、布朗克斯科学高中、布鲁克林科技高中是纽约市科技高中的"三驾马车"，历史上有很高的声誉。三所学校和其他五所选拔性高中一样，通过市级统一考试——"特殊高中入学考试"（Specialized High Schools Admissions Test，SHSAT，本书第五章会详细说明）进行招生。在2014年9月的招生中，纽约市有23 408名学生在申请表上将史岱文森高中列为学校志愿选项，其中952名学生获得录取，录取率为4%。有19 635名学生将布朗克斯科学高中列为志愿选项，其中968名学生获得录取，录取率为5%。所以，史岱文森的校长曾开玩笑说，我们学校的特色是学生比老师聪明。布鲁克林科技高中每年招收1 500名左右学生，2014年9月的招生中，有23 371名学生在申请表上将该校列为选项，其中1 845名学生获得录取，录取率为8%。

布朗克斯科学高中创办于1938年，最初只有大约400名男生，发展到如今已拥有超过3 000名学生。除了德语和后AP课程（Advanced Placement，即大学二年级课程）之外，布朗克斯科学高中开设了几乎所有的AP课程。学校还开设了8门外语课，以及生物、化学、物理、数学、技术、人文等多学科的选修课。另外，布朗克斯科学高中也给爱好音乐的同学提供了机会，例如管弦乐、合唱团、爵士乐、电子乐等等，广泛的课程选择为学生发展提供了全面的基础（详见学校官网 www. bxscience. edu）。学校的课外活动也是琳琅满目、丰富多彩。全校共有60个俱乐部、30个体育团队、1个国际知名的演讲与辩论团队、模拟庭审以及世界级的机器人团队，每年学生都会制作两部剧，设计毕业纪念册，编订知名年刊和学术杂志等等。布朗克斯科学高中推崇的是探究和实践的氛围，以及学生的自主学习和个性化发展。布朗克斯科学高中为人类培育的世界级科学大师之多，堪称奇迹（详见稍后的介绍）。笔者参观布朗克斯科学高中留下的印象是：普通的校舍、优秀的教师、活跃的学生、浓郁的科学研究氛围和极为丰富的课外活动。

前面有所介绍的史岱文森高中坐落在曼哈顿闹市区中一幢大楼里。浏览这所学校提供的各类专业课的列表，难以想象的丰富，几乎应有尽有。但是，虽然学校人才辈出,校长津津乐道的却是和学生一起参加卡内基大厅的亨德尔的《弥赛亚》大合唱时,经历的那种艺术和精神的感染。与布朗克斯和史岱文森两所学校稍稍不同,布鲁克林科技高中偏重工程和技术。学校成立于1922年,是美国最大的公立高中,拥有5 600多名学生。笔者在参观该校时,看到实验室、电脑房和建筑工坊里到处是在动手学习的学生,却难得看到一个教师在授课的场面,其讲授的也是在普通高中很少见到的题目:布尔代数(Boolean Algebra)、集成电路的数理基础。学校致力于在工程、科学、计算机科学方面给学生们提供丰富而专业的教育体验和技能培养,旨在使学生进入大学阶段后获得更大的发展。所以,其学生从入学伊始(九年级)就接受专业的工程技术训练。

除了纽约市的理工高中外,美国其他各州几乎都拥有类似的高中,其中较为著名的有位于首都华盛顿特区的托马斯杰佛逊科技高中(Thomas Jefferson High School for Science and Technology,参见 http://www. tjhsst. edu/index. html),位于新泽西州的高科技高中(High Tech High School,参见 http://www. hths. mcvsd. org)等。此外,大部分州长学校也是理工科技类学校,第二章会单独介绍。

(二) 人文社科类特殊高中

人文社科类的选拔性特殊高中数量相对较少。这里介绍两所:布鲁克林拉丁学校和雷曼学院美国研究高中。布鲁克林拉丁学校,虽然2006年才建立,但它按照波士顿拉丁学校的理念设计,具有良好的声誉和极高的选拔性。2014年9月的录取中,有16 675名学生在申请表上将该校列为选项,其中484名学生获得录取,录取率为3%。

古典文学课程是学校的强项,所有的学生都要求完成四年的拉丁语、历史、数学、英语、科学课程以及至少两年的一门外国语言课程。在人文学科课堂上,学生们可以参加苏格拉底研讨会以及学习辩论术。非人文学科班级则注重实验、数学解释、讨论和解决问题。所有班级的学生都要求注重规范化写作、公开演讲和剖析思维的能力,因为这些品质被认为是领导力的基本内涵。学校最大的特色是公共朗诵(Public Declamation),一般是从语文和历史课的古典作品中选取段落,先在班级、年级进行比赛,然后优秀者可以通过面试(audition)参与学校一级竞赛和评比,能够在学校一级崭露头角,在学校里是一种莫大荣耀。该校训练口才的教育理念来自古罗马思想家西塞罗,他认为能言善辩涵盖了一个人的各种素质,包括广泛的知识、表达的能力和技巧乃至幽默感和人格魅力,而要做到这一点离不开练习。

布鲁克林拉丁学校的另一个特色是将国际文凭(International Baccalaureate, IB)课程作为学校的核心课程(我们在第六章分析课程时会对此课程作具体介绍)。在这里仅指出,国际文凭课程所强调的以学生为主导的探究,其放眼全球的视野以及关注个人的正直品质的建校宗旨,与布鲁克林拉丁学校是一致的。除了要求十分严格之外,IB课程还强调学生独立思考,并能完成具有大学写作水准的论文,这和学校对写作表达的重视契合。另外,学生们还被要求参加150个小时的创新活动和服务(CAS)项目。以上所有这些要求旨在让学生成为一个全面发展、多才多艺的人。总之,布鲁克林拉丁学校,正如它的"前辈"波士顿拉丁学校,更符合传统意义上的精英高中的概念。

美国研究高中是坐落在纽约市雷曼学院校内的一所规模不大但充满学术氛围的高中。全校学生不到400人。整个学校的员工由2名行政人员(校长和副校长)、25名教师、2名学业生涯辅导老师组成。校舍是一间其貌不扬的平房。2013年,有15 596名学生把这所学校作为选报志愿,其中的162名学生被录取。学校虽以"美国研究"为校名,但更重视的是"自由教育",学校的宣传手册上指明其使命是"培养未来高校人才,并且能够在政治、法律、历史、商业、科学、数学、艺术等领域进行生涯发展"。学校的最大特色,是它四年的历史课程系列。这个系列不仅在量上远远超过普通高中,而且和一般高中历史进行通史教学的方法不同,学校用断代史方法,切入一个时代的许多层面,及其复杂和有机的关联。另一个不同是,历史课强调培养学生收集、考证、诠释一手和二手历史资料的技能。魏斯(Weiss)校长说,如此重视历史课,并非指望学生都成为历史学者,他们将来可能会成为律师、记者、社会活动家等等,他们从历史课和其他人文社会课中获得的历史眼光、探究能力和批判思维能使他们在工作中更加胜任、更加出色。为了达到这一目的,学校和美国历史研究机构(Gilder

Lehrman Institute of American History)以及雷曼学院历史系建立了紧密的合作关系，使学生能够了解历史学者的工作和思考，亲历历史研究的乐趣和意义。

人文社科类的特殊高中还有如弗吉尼亚政府与国际研究州长学校等。广义来说，文理综合类的特殊高中（如德克萨斯奥斯汀市文理高中、印地安纳州文理高中）都兼有通识精英教育的一些特点，如强调学生的思维和表达。除人文社科类特殊学校，还有少数以艺术作为特色或专业方向的高中，如拉瓜迪亚艺术高中（Fiorello H. LaGuardia High School of Music & Art and Performing Arts）。由于这类学校和传统意义上的学术类高中有较大不同，就连录取学生的手段也不同（采用试镜，而非笔试），这里介绍从略（详见第五章）。

三、主要特点

和常规高中相比，选拔性特殊高中的与众不同之处不仅体现在生源好、起点高上，还体现在以下三个方面：丰富的课程设置、严格的专业要求、自主的学业选择。

（一）丰富的课程设置

特殊高中的课程丰富性首先体现在学科门类的多样齐全、课内课外活动的丰富。数量上，特殊高中四年的主课和副课堪比大学的课程，各类课程覆盖面广，满足了教育的多样性需求。质量上，首先是不同于一般高中的标准化，每个学校都有自己的标志性课目，如波士顿拉丁学校的语言类课，美国研究高中的历史课，布鲁克林科技高中的工程课，等等。其次，课程的丰富体现在超越高中所谓"双基"（基础知识和基础技能）的各种开阔视野、深入探究的课程。虽然这些学校都开设了大学理事会（College Board）提供的大学入门课程，即 AP 课程，但这些学校往往不满足于此，还会提供各类非常规丰富课程。如布朗克斯科学高中的课程中单单生物课就有八个方向可供选择：医学、药学、环境研究、有机体水平生物学、分子与细胞水平生物学、刑侦科学、生活与健康和心理学。此外，课程的丰富还体现在才艺课程的丰富，如布朗克斯科学高中的舞蹈课有踢踏舞、爵士舞、古典芭蕾等等。事实上，丰富的课外社团和活动也是这些学校的特色。例如，拥有三千多名学生的史岱文森高中有 41 个公立学校体育联盟团队、20 种主要出版物以及一个活跃积极、功能完善的学生会。总之，拥有多种学生主办的学术刊物、生活杂志、各种音乐节或戏剧节，拥有 60—70 个俱乐部和社团，从知识类（如数学、辩论），到兴趣类（如电影评论、音乐剧），到体育类（如长跑），是特殊高中的常态。

概括地说，拥有独特的学校特色、多样的课程体系、活跃的课外活动，使选拔性特殊高中比一般高中的内涵更加丰富，其在校学生的经历也更加深刻。

（二）严格的专业要求

首先，特殊高中的专业要求和一般高中以单科成绩作为主要学业标准形成鲜明对比。特殊高中是从更高端的专业技能发展的角度来设置课程的。比如，在布鲁克林科技高中，所有新生都要学电脑制图，因为这是当今工程技术人员的基本功。9、10 年级期间，所有的学生都要学习核心课程并且通过在设备齐全的实验室、计算机中心、工作坊和理论班进行实践操作来进一步加强学识。有一小部分同学也可以选择参加医学入门项目（Gateway to Medicine pre-medical program），该项目是一个往医学行业发展的四年制小型的学习团体。对 11、12 年级的同学来说，可以从以下主要专业中选择一种：航天工程、建筑学、生物医学工程、生物科学、化学、土木工程、大学预科、计算机科学、机电工程、环境科学、工业设计、律师、数学、传媒与艺术以及社会科学。

专业训练的特点是知识技能的系统性和与之相关的一个循序渐进的课程体系。比如，在刚刚介绍的布朗克斯科学高中的生物课程中，分子生物学方向，高中四年是一个由微观生物学、有机化学、AP 生物学、"后 AP 遗传学"、生物研究项目五门课构成的一个系列；在心理学方向，学生可以选择 AP 心理学、后 AP 儿童心理学/变态心理学、动物行为学、生物学或社会科学研究项目五门课的套餐。美国研究高中的历史课同样遵循由基本功培训到独立应用的历史研究和从考据、诠释、分析，到评价的思维技能训练。

其次，特殊高中的专业要求体现在对学生直接参与研究的重视。在美国，一般要到研究生阶段才会直接参与研究课题的确定、研究设计、研究执行、研究评价的过程。但在特殊高中,9、10 年级是基本研究技能的准备阶段,到了 11、12 年级,学生就是真枪实弹地从事研究了。托马斯杰佛逊科技高中毕业的研究要求是,所有学生都需要完成一个科学或工程研究项目;项目可以从提供的科技研究实验室中挑选一个完成,或者通过学校提供的"导师计划"(mentorship program),在企业、政府或大学的实验室或技术设施里完成(下一章介绍的州长学校也有类似要求)。

再次,特殊高中的专业性还在于它们依托大学的支持,直接让学生在大学选修课程、从事研究,接受大学的学术氛围的浸润和熏陶。比如纽约市的 8 所选拔性高中和位于纽约市的哥伦比亚大学、纽约大学、纽约城市大学以及许多科研单位有长期的伙伴关系,使学生受益匪浅。

最后,特殊高中的专业性还在于对学生进行职业操守方面的教育。在提供严格的专业训练的同时,学校注重对学生进行诚信教育,告诫学生不可有各种违反学术诚信原则的行为,如作弊、抄袭、造假、获得不公平的优势、协助学术欺诈、伪造记录和官方文件、未经授权获取学术或管理文件。

(三)自主的学业选择

所有选拔性特殊高中都把追求卓越作为重要的校训或要求。同时,这些学校是比一般高中更重视个性化的,也就是说,学生可以按照自己的方式找到卓越之路,而不要求所有学生走同一条路。对于学校来说,在哪门课上用多少力,是否要门门第一,这都是学生自己的事情。学校不会去"微观管理"学生。学校要管的是帮助学生确定自己的方向,实现符合学生智力特长、个性特点的"最大化"发展。实现这一点的基本前提是特殊高中在规定课程外,给学生留了较大的空间,让他们按照自己的情况、兴趣、愿望去设计、营建自己的知识结构。所以,才会出现这样的情况:科技为主的特殊高中却出现了以写作或音乐见长的毕业生,而在社会人文为主的特殊高中里,也不乏理工人才。

这里需要指出的是,自主的学业选择体现在选课、学业成绩的期望值和努力程度,等等,是和升学预期有关的。对于这些优秀的学生来说,为了进入美国最好的大学,除了一张展示个人强项和兴趣点的漂亮成绩单外,还要记述在课外和校外(所谓"社会大学")积累的重要成长事件,如获奖作文、个人主持的研究项目、音乐剧主创、创业经历,等等。这样的个人成长经历,只能在充分自主、自由的教育空间里得以实现。

四、成就、影响和现状

在谈论选拔性特殊高中的成就和影响前,我们先提供一个学生的案例。

案例:艾米(Amy)的"英特尔科学人才搜索"科研之旅

艾米来自纽约市需要考试入学的八所特殊高中之一布朗克斯科学高中,凭着严谨的研究报告和机智敏锐的问题回答赢得了专家评委团的一致认可,她拿下了2008届英特尔科学精英决赛第8名以及2万美金的奖学金。自9年级起,艾米确定了自己做生物医学研究的科研计划,10年级在学校老师的指点和帮助下,与纽约大学某癌症研究中心的霍华德(Howard)教授取得了联系,获得到其实验室参与癌症细胞研究的机会。在接下来的两年多里,艾米利用周末和寒暑假的时间到实验室学习,霍华德教授指导她怎样设计实验、收集分析数据和撰写报告。经过一年多的学习,11年级时艾米和教授讨论确定了自己的独立研究课题,并在教授和高中老师的推荐下向某基金会申请了科研项目基金以实践她的癌症细胞研究课题。课题研究完成后,艾米把收集到的数据进行统计分析,写出一篇研究报告,并在霍华德教授的提名和推荐下参加2008年的英特尔科学精英大赛。

2009年1月,艾米收到入围半决赛的通知信,获得1000美金的个人奖。同时她所在的布朗克斯科学高中也得到1000美金的奖励,以表彰学校对支持和鼓励学生进行独立研究的贡献。3月份,艾米在华盛顿经历了来自美国卫生研究院（National Institutes of Health）的评委的重重提问后，夺下了本届英特尔科学精英决赛的第8名。除了奖学金，艾米被邀请加入科学公众协会成员网络，一个由各界顶尖科学家、研究人员组成的精英团队。如今，艾米已经从纽约大学毕业，通过校友网络，她找到了和她研究方向相同的麻省理工学院的一名教授，将在他的指导下攻读细胞生物博士学位。

评价一所精英高中办得是否成功，首先看它是否能够为大学输送合格人才，其次看它的毕业生进入社会后是否有发展的后劲，是否成为社会的精英，其三看这个学校是否还在不断努力、与时俱进。

（一）合格的毕业生

我们用最新的《美国新闻和世界报道》全美高中排名标准，看一个学校有多少学生通过了 AP 课考试。不难看到，选拔性特殊高中表现突出。全国十强（见表1-1）几乎都是选拔性特殊高中，纽约市的8所选拔性高中也都列于前百名。这个标准不是看一个学校出了多少"尖子"、"状元"，而是考察其有多少学生达到了进入大学学习的知识和技能方面的要求（所谓的 college readiness）。因为学校建立的目的毕竟不是为培养个别突出的人才，而是为所有学生服务的。另外也是因为在美国，一个学生是否念大学、什么时候念、念什么样的大学，有许多家庭和个人考虑的因素在内，学校无法控制。所以，特殊高中的上级管理部门是不会拿多少学生进了什么大学对校长问责的，更不会把出"尖子"、"状元"作为奖赏学校的依据。

对于选拔性特殊高中来说，《美国新闻和世界报道》的标准还不够高端。特殊高中产生的全国优秀学生（National Merit Scholar，根据 PSAT 成绩评定）、全国成就奖（National Achievement）得主、全国西语裔学者（National Hispanic Scholars）等的数量，远远高于一般高中。美国的"英特尔科学人才搜索计划"（Intel Science Talent Search Program）是一项为最优秀的科学人才提供大学奖学金的计划。前文艾米的案例讲述了她如何进入决赛并得奖的故事，从中可见这项竞赛的规格、标准之高。参加这项评比必须拿出专业水准的论文,并经过严格的答辩和专家评审。而入围这项奖学金角逐的大部分学生都来自理工科技类的选拔性特殊高中。

(二) 精英的校友群

精英学校是否成功的另一个标准是看有多少校友成为货真价实的精英。美国最早的精英高中波士顿拉丁学校自然实至名归,产生了四位哈佛校长、四位马萨诸塞州(波士顿所在州)州长以及五位《独立宣言》签名者。两三百年后的特殊高中毫不示弱。仅以上面介绍的纽约市科技高中"三驾马车"——史岱文森高中、布朗克斯科学高中、布鲁克林科技高中三所学校为例,它们从20世纪40年代起总共为世界培养了14位诺贝尔科学奖得主。仅1938年成立的布朗克斯科学高中一家,就有7位校友先后斩获诺贝尔物理学奖,1位获得诺贝尔化学奖。除此之外,它的校友中还有29位美国国家科学院院士、22位美国国家工程院院士以及7位普利策(新闻)奖获得者。这样的人才辈出,虽然不能完全归功于布朗克斯科学高中,但是任何随机分配学生的教育安置计划都不可能导致这一现象的出现,这所高中一定为它的毕业生的未来爆发打下了雄厚基础(当然,他们进入了一流大学深造,也是成为杰出科学家的门槛)。布朗克斯科学高中不仅在科学和数学教育方面卓有成效,其人文教育也久负盛名,其校友中不乏作家、律师、医生、教育家、艺术家、演员以及经济和政府领导者。史岱文森高中的校友除了有4位在生理学和医学、经济学、化学领域获得诺贝尔奖外,还有许多成为美国科学、数学、政府、法律、艺术和音乐等领域的精英。布鲁克林科技高中除了有两位校友斩获诺贝尔科学奖,其他校友也取得了很多辉煌的成就,例如发明数码照相机,研发GPS系统,驾驶挑战者号航天飞机,发现宇宙大爆炸理论的新证据,发明汽车的新能源,研发青霉素的批量生产,等等。在这所学校的"名人堂"里,可以找到许多科技界翘楚的名字。

考察一所学校的成功程度,除了考察毕业生的具体成就外,还可以考察学校本身在社会上的影响力,它所代表的是传统的持久性。这一点上,最具象征意义的是从波士顿拉丁学校到布鲁克林拉丁学校的传承和影响。2006年,纽约市的布鲁克林拉丁学校完全参照波士顿拉丁学校的理念进行建设,成为其 400 多年后诞生的姐妹学校。一年后(2007 年)便被《美国新闻和世界报道》评为全美最好的 20 所高中之一,2011 年被美国教育部授予"蓝带优秀学校"的称号。这种社会认可度代表了大众对学校价值取向的认同。

(三) 对学校的改进

精英学校的成功,不在于过去如何优秀,更重要的是它们是否有能力自我更新、与时俱进。在这方面,特殊高中也存在各种挑战,其中有些挑战是和其他公立高中相同的,有些挑战则源于它们的特殊定位。

除此之外,公立高中的管理体制也对选拔性特殊高中的水平和发展有诸多不利影响。史岱文森的华人校长张洁曾在中国福州国际高中校长峰会的主旨发言中谈到学校面临的挑战:资金有限、校舍超载、教师聘用的限制、学术自由与政策之间的平衡、教师和行政管理人员之间的关系、文化冲突、由学习压力引发的不良竞争、心理及生理健康问题、持续的诚信问题等。其中,不能保证对教师具有一定的任用权,很容易成为办高水平高中的一个短板。另外,特殊高中的行政管理者、教师和学生并没有生活在世外桃源,也不能自命清高。能否在这样充满质疑的环境中始终坚持,坚持属于精英学校的教育信念,做到追求卓越的同时让更多合格的人才具有公平参与的机会,都与特殊高中的生存和发展直接关联。

第二章　州立选拔性高中（州长学校）的崛起

一、历史简述

　　和一般选拔性特殊高中相比，州长学校是一个新生事物。它是 20 世纪 80 年代的产物。州长学校的兴起，与美国对社会和经济发展的前瞻考虑有关。当时的世界还没有互联网，没有硅谷的奇迹，更不用说苹果、谷歌和亚马逊了。但是很多人预见了科技革命和科技人才培养的重要性。在这样的社会背景的支持下，大部分州长学校都侧重培养科技人才。从教育的角度来看，填补教育中的高端教育的缺陷，也是州长学校兴起的主要原因。在美国，对人才尤其是科技人才培养的重视始于肯尼迪时代，当时，受苏联率先发射卫星的刺激（Sputnik, 1957），美国不仅启动了"阿波罗登月计划"，而且加强了科技教育。但是，公立教育体制直到 80 年代也并未有明显的改善。相反，美国教育部的调查报告《国家在危机中》对美国的教育状况发出了警示。美国虽然是世界第一强国，却是一个始终有危机感的国家。如何抢占科技人才的制高点，更广泛的意义上说，如何使自己的州具有强有力的高端教育优势，是州长学校纷纷涌现的主要原因。

　　其次，美国作为联邦制国家，联邦政府教育部只负责政策导向并通过拨款向各州"推销"它的政策理念和方案，但无权要求各州采纳联邦政府的立场。教育立法和政策主要由州一级制定。各州也可以根据自己的战略优先考虑制定政策。当年里根政府的自由主义政策客观上给了各州更大的自主权。当时，各州都在寻找自己的增长点。拿出一部分钱（相对州政府庞大的预算来说并不困难)来做培养各领域高端人才的工作,增强该州的经济和文化活力,成为不少州的考虑。所以,成立州长学校是一种战略投资行为。北卡罗来纳州、伊利诺伊州、路易斯安那州最先启动,然后有十几个州跟进,先后成立州长学校。弗吉尼亚州和田纳西州还用立法的形式鼓励兴办多个州长学校。值得一提的是,纽约州并没有专门拨款成立州长学校,一方面是因为纽约州已经有不少历史形成的公立或私立选拔性高中(光纽约市就有23所),优质教育资源相对丰富,没有必要单独去办州长学校;另一方面是因为纽约州作为传统的民主党执政的州,花纳税人的钱办这样的"精英学校"很容易招来州议员批评。这反过来也可以说明那些通过立法拨款成立州长学校的州,高端的高中教育资源相对贫乏。兴办州长学校的初衷主要是创造培养高端人才的示范学校,他们会争辩说,纳税人的钱花在培养高端人才上是值得的,将来会惠及所有纳税人和他们的后代。

1978年,第一所州长学校在北卡罗来纳州诞生,随后的五六年间,美国东部、中西部和南部成立了十几所州长学校。最晚成立的州长学校是肯塔基州长学校"盖登数理学院"(2007年成立)。州长学院的学制和普通高中不同,一般是二到三年(即招收高中10年级学生,相当于中国高中三年制)。大部分州长学院要么干脆设在大学校园里,要么编制上隶属于州立大学系统,而不是某个学区(因为州长学校财政上由州政府直接拨款,行政上由州政府管辖,不属于任何学区)。和一般美国高中动辄三千多名学生的规模相比,州长学校一般只有五六百名学生(见表2-1)。由于州长学校一般在州府所在城市或大学校园,学生来自州内各个地方,所以都是寄宿学校。有些州长学校收取一定食宿费用,也有些学校的住宿是免费的。

表2-1 部分州长学校情况概览

学校	创建时间(年)	包括年级	学生人数	生师比	硕士以上学历教师比例	开设课程数	AP课程选修率或通过率(百分比)	州政府拨款(万美元/年)
北卡罗来纳数理高中(North Carolina School of Science and Mathematics)	1980	11—12	615	不详	不详	360	不详	1 860

学校	创建时间（年）	包括年级	学生人数	生师比	硕士以上学历教师比例	开设课程数	AP课程选修率或通过率（百分比）	州政府拨款（万美元/年）
路易斯安那文理高中（Louisiana School for Math, Science, and the Arts）	1982	10—12	304	8∶1	70%	300	89%通过率	1 000
伊利诺伊数理学院（Illinois Mathematics and Science Academy）	1985	10—12	650	130∶11	50%	95	55%选修率	195
德克萨斯数理学院（Texas Academy of Mathematics and Science）	1987	11—12	378	不详	不详	不详	不详	85 000
密西西比数理高中（Mississippi School for Mathematics and Science）	1987	11—12	220	11∶3	27%	120	78%选修率	800
南卡罗来纳数理高中（South Carolina Governor's School for Science and Mathematics）	1988	11—12	128	128∶29	86%	30	83%通过率	160
南卡罗来纳文理高中（South Carolina Governor's School for the Arts and Humanities）	1980	10—12	242	121∶64	5%	110	75%通过率	1 200
印第安纳数理人文学院（Indiana Academy for Science, Mathematics, and Humanities）	1988	11—12	300	20∶3	29%	101	不详	450
阿拉巴马数理高中（Alabama School of Mathematics and Science）	1989	10—12	275	9∶1	40%	222	68%选修率	650
俄克拉荷马数理高中（Oklahoma School of Science and Mathematics）	1990	11—12	144	5∶1	70%	52	35%通过率	137
阿肯色数理艺术高中（Arkansas School for Mathematics, Science, and the Arts）	1993	11—12	300	6∶1.5	27%	46	该校自2013年启用自设的大学水平课程	800

学校	创建时间(年)	包括年级	学生人数	生师比	硕士以上学历教师比例	开设课程数	AP课程选修率或通过率(百分比)	州政府拨款(万美元/年)
缅因数理高中(Maine School of Science and Mathematics)	1993	10—12	120	2:1	10%	80	20%—40%选修率	355
佐治亚高级学院(Advanced Academy of Georgia)	1995	11—12	300	不详	不详	不详	提供其他大学水平课程	不详
佐治亚数理学院(Georgia Academy of Aviation, Mathematics, Engineering, and Science)	1997	11—12	91	不详	不详	不详	提供其他大学水平课程	不详
密苏里数理学院(Missouri Academy of Science, Mathematics, and Computing)	2000①	11—12	128	64:5	10%	26	86%通过率	不详,但该校90%的经费来自密苏里西北州立大学
肯塔基盖登数理学院(Carol Martin Gatton Academy of Mathematics and Science in Kentucky)	2007	11—12	200	60:11	18.18%	40	提供其他大学水平课程	458
田纳西数理学院(Tennessee Governor's Academy of Science and Mathematics)	2007②	11—12	24	24:9	10%	16	不详	674

二、代表性州长学校

（一）北卡罗来纳数理高中

州长学校首先在北卡罗来纳州诞生不是偶然的。北卡州地处美国东南部，

---

① 该校已于 2018 年 5 月关闭。
② 该校已于 2011 年 5 月 31 日关闭。

历史上的产业以烟草、纺织、家具为主,除了州政府所在的罗利(Raleigh)及其最大的城市夏洛特(Charlotte)这两个中心城市,大部分地区工业水平相对落后。首府地区以杜克大学、北卡罗来纳大学和北卡罗来纳州立大学三所高校为依托,20 世纪 50 年代形成"研究三角"(Research Triangle),在 20 世纪下半叶大大提升了北卡罗来纳的科技和金融水平。北卡罗来纳州长学校在这样的历史背景下应运而生。当时的州长詹姆斯·亨特(James B. Hunt Jr.)、参议员以及杜克大学校长特里·桑福德(Terry Sanford)和学者约翰·埃勒(John Ehle)三人酝酿在北卡罗来纳办一所致力于发掘本州优秀人力和智力资本以促进社会和经济发展的学院,在高中阶段就发掘人才储备。成立北卡罗来纳数理高中的提案在 1978 年获得州议会通过。两年后(1980 年),学校招收了首批 150 名本州内的高中生。如今,北卡罗来纳数理高中已经成为了全美知名的具有示范性的高中。

北卡罗来纳数理高中只招收 11、12 两个年级(相当于中国的高二、高三)的学生。录取的学生都经过很严格的挑选,主要参考材料是 SAT 成绩、近期成绩单、教师推荐信、入围申请者在该校参加"发现日"活动的情况,以及在当日举行的由学校出题的数学考试。北卡罗来纳数理高中有四个系,其教师大部分持有硕士或博士学位。工程与技术系提供的是计算机科学和工程方面的课程,科学系提供的是物理、化学和生物等课程,人文系包含的则比较广泛,涵盖艺术、戏剧、外语、音乐、历史和社会科学等等,最后是独立的数学系。北卡罗来纳数理高中的课程,从内容到难度都更像大学课程而不是高中课程,所以可以把该校看成是大学少年班的一个翻版。学校的使命是通过富有挑战性的、卓越的教学和激动人心的探索,把有天赋的学生培养成在科学、技术、工程和数学上能够领导州、国家乃至全球的人才;提升北卡罗来纳州公共教育的水平;催生创新,改善人类状况。

从建校宗旨和使命、教师的配置和高端的课程,到远程的辐射和致力于对全州的示范和教育影响力,北卡罗来纳数理高中为之后的许多州长学校提供了一个基本模板。它起到了一个先行者的示范效应。

（二）路易斯安那文理高中

路易斯安那文理高中建立于 1982 年。和北卡罗来纳州一样，有三个关键人物促成了这所州长学校的诞生。时任路易斯安那州州议员的吉米·龙(Jimmy D. Long)和西北州立大学校长罗伯特·阿尔斯特(Robert A. Alost)共同酝酿了这所学校的愿景。在经历了 20 世纪 70 年代的石油危机之后，路易斯安那州有了较为充分的石油税收。因此，在当时的民主党州长大卫·特里恩(David C. Treen)的批示下，该校正式成立。

路易斯安那文理高中旨在成为一所独立的寄宿制学校。学校的培养初衷是让那些高资质的高中生充分发挥自己的才能，施展自己的抱负。该校坐落在西北州立大学的校园之内，学生们能直接使用大学里的设施，如图书馆、艺术中心、娱乐室，并能接触大学里的演讲等等。除此之外，路易斯安那文理高中还雇佣一些大学教员兼职任教，并且使用很多大学级别的教材和其他辅助材料。从1983 年的 208 名学生和 14 名教职工起步，时至今日该校已经发展成为拥有 400余名学生、43 名教职工的有影响力的学校。并且，四分之三的教员都拥有本教学领域内的最高学位，一半教员在路易斯安那文理高中任教长达 10 年以上。该校学生每个学期至少要修六门课程，大多数课程由拥有博士学位的教员展开教学，并且使用的是大学的教材。

正如学校的名字那样，路易斯安那文理高中是一所文理并重的学校。除了重视传统 STEM 学校所重视的计算机科学、数学、科学等素质的培养，学校还非常重视学生文科素质的培养。学校开设的文科类课程涵盖以下几大类：英语、历史、外语、视觉艺术、音乐、戏剧以及舞蹈。值得一提的是，以上列举的科目都有高级课程可以供学生自由选择。比如说在计算机科学方面，学校提供的有网络安全、数据结构、游戏设计、JAVA 编程、机器人、移动终端程序设计等等。数学方面则有微积分、混沌理论、微分方程、线性代数、概率与统计、向量微积分等等。自然科学方面则提供了更加丰富的课程选择，比如 3D 视觉设计、分析型化学和实验、动物行为研究、生物化学、胚胎学、基因学、有机化学、量子力学、热动等。

对文科类饶有兴趣的学生也可以在这所学校里找到自己感兴趣的课程进行学习。比如说在英语课程方面,有诗歌写作、戏剧写作、英语语言研究、文学理论以及莎士比亚、艾米丽·狄金森等人物研究。历史方面的课程则主要以欧美的历史研究为主。在外语课程上面,学生们可以选择的有拉丁文散文学习、古希腊语入门以及法语和西班牙语等等。艺术类的课程设置也注重帮助学生们充分锻造自己的艺术修养。比如说视觉艺术方面开设的高端课程有建筑学、陶瓷学、设计、数字媒体、绘画、浮雕等等。音乐方面则不仅提供理论知识学习,而且为学生提供很多练习乐器的机会。另外,戏剧和舞蹈方面也包含了一些较为高端的学习机会,如即兴表演、舞台准备、高级舞蹈技术、舞蹈团体等。

丰富的课程设置、大学级别的课程让学生们的学习充满了挑战,因此,学校在学生的毕业要求上也比较苛刻。毕业生至少要满足 26 个学习单元的课程任务,具体包括:英语、数学、自然科学、历史以及选修课方面各四个单元,外语学习的两个单元,还有艺术类的一个单元。除此之外,路易斯安那文理高中的学生还必须满足工作服务[①](Work Service)的要求,以及完成专门项目(Special Projects)、专门话题(Special Topics)、大学预备研讨会(College Planning Seminar)和毕业班研讨会(Senior Seminar)等方面至少一个季度时间的学习。如此设置虽然看似要求很高,但对学生的成长是十分有益的。由于路易斯安那州的许多大学系统都和该校有着合作协议,因此学生在路易斯安那文理高中所修得的学分最多可以转换为 74 个小时的大学课程学分。学生如果在完成正常的学业任务之外还能完成一项独立研究或者取得一定的艺术方面的成就的话,就会被该校授予"荣誉毕业生"的称号。当然,获得这项殊荣并非易事。学生往往需要在导师的指导下进行暑期研究工作、阅读以及创新型活动等等,并且最终的研究成果还要经由教学委员们的审核批准。总之,能够获得该校"荣誉毕业生"的称号是一项非常有挑战性、含金量十足的殊荣。

较之普通高中毕业生,路易斯安那文理高中的毕业生有独特的优势,他们

---

① 工作服务是指学生每周在指导下给路易斯安那文理高中及其周边社区进行 3 个小时的工作。意在培养学生积极的工作态度,提高生活方面的技能。

在高中阶段就已浸润于大学校园中,甚至选修大量大学课程,俨然已经是准大学生了。学校与全美多所大学均有着合作关系,其中不乏一些名校,比如说康奈尔大学、范德堡大学、斯坦福大学、普渡大学、纽约大学等等,这样就给本校毕业生提供了大量的选择机会。不过,能够得到众多优秀大学的认可本身就说明了路易斯安那文理高中的优异的教学质量。该校学生在学术能力评估测试(Scholastic Assessment Test,SAT)和美国大学入学考试(American College Test,ACT)方面的表现也是非常优异。拿 SAT 来说(共三个科目,每个科目的满分均为 800 分),路易斯安那文理高中的学生 2015 年度批判性阅读(critical reading)的平均分达到了 676 分,数学的平均分为 658 分,写作的平均分也达到了 663 分。考虑到学校不以应试为目标,不鼓励成绩排名和学业竞争,平均 SAT 总成绩 2 000 分左右的水平,这体现的不是应试教育如何成功,而是学生平时积累的良好学业知识和综合技能。然而,SAT 成绩无法反映学生在这里获得的特长的发展和眼界的开阔,这对学生将来的长远发展意义更大。

(三) 伊利诺伊数理学院

1982 年,北卡罗来纳和路易斯安那州长学校成立不久,芝加哥大学费米实验室主任,后来(1988 年)获得诺贝尔物理学奖的利昂·莱德曼(Leon Lederman)在巴达维亚的费米国家加速器实验室(Feimi National Accelerator Laboratory)举办的课程设计工作坊上提出设想,希望在伊利诺伊州兴办一个输送 STEM(即科学、技术、工程和数学教育)人才的学校。当时在座的就有后来为这个理想奔走并成为学校第一任校长的斯蒂芬妮·马歇尔(Stephanie Marshall)。她当时向伊利诺伊州议会提议建立一所与北卡罗来纳和路易斯安那一样的州长学校。不久,学校的基本设想报告形成,正值 1983 年教育部《国家在危机中》发表,州政府发起了一项可行性研究。由于学校要求不受州内基础教育法规约束以及人才流失方面的考虑(即是否会"肥水外流"),最初建校的法案没有在州议会通过。第二次尝试在时任伊利诺伊州州长的吉姆·汤姆森(Jim Thompson)和一些议员的努力下终于获得通过。伊利诺伊数理学院于 1985 年成立,旨在"为在数学和科学领域具有天赋的学生提供独特的有挑战性的教育",并且"作为改进该州学校系统的教学的加速器和实验室"。伊利诺伊数理学院不是一所一般意义上的学校,而是一个"教育、企业、科学共同体的跨界合作的象征",所以在定位上,它不仅是一个学校,还是一个教育实验基地,一个研究传播中心。在一定意义上,它类似杜威当年在芝加哥建立的实验学校,试图建立一个教育和社会进步有机连接的平台。与传统精英学校相契合,伊利诺伊数理学院的校训要求学生有"服务于人类"的胸怀。

伊利诺伊数理学院的学生录取要经过评审委员会的严格筛选和逐一评估。评审标准有五个维度:数学推论的潜能、科学推论的潜能、沟通技能、人际关系和技能应用。伊利诺伊数理学院作为三年制高中,新生大部分是9年级申请者(相当于中国的初三毕业班),但也会有一些8年级申请者被跳级录取。

浏览伊利诺伊数理学院的课程设置,和一般高中最大的不同是丰富的高端课程,如数学系提供的数论、数学分析课和计算科学,科学系提供的生物物理、神经生物学等。从内容上看其更像是一套大学课程,比 AP 课程难度更深,同时,课时的安排也更像大学,有一节、两节,甚至一个上午仅上一门主课的课时安排。但更重要的还不在于内容和难度,伊利诺伊数理学院几乎所有的课都强调探究学习,而不是读死书。学校崇尚的是自由精神,要求学生抱着探究宇宙世界的态度和目的去学习,而不是满足于完成课业、拿个好分数。正因为此,伊利诺伊数理学院不统计每个学生的平均成绩(GPA),强调合作学习,而不鼓励学业竞争。在学校的战略计划中,明确提出要把"学生追求个性化的学习计划"作为优先考虑的目标,因此,伊利诺伊数理学院的学生有相当大的自由空间探索自己的兴趣、发展自己的特长。

"学生探究科研计划"(Student Inquiry and Research)是伊利诺伊数理学院的个性化课程的重要组成部分。学生第一年有专门的研究方法的课程,进入第二、三年后,通常是根据自己的兴趣和特长在学校的协调下在校内或校外找到导师,然后进入研究的实质阶段。每个星期三是学校的"探究日",形同"停课日",许多学生坐校车去芝加哥的几个大学、研究所或科技创业孵化园,并通过日志和其他形式,记录下研究的进度和问题。伊利诺伊数理学院的学生从事的研究从内容到方法,和大学里研究生跟随导师做的课题和项目并无区别(后面会有详述）。笔者 2015 年访问该校时被告知，学校刚刚启动了一个新计划，支持那些有意毕业后从事自主创业的学生。

伊利诺伊数理学院成立 24 年后，于 2009 年终于等到了它应得的荣誉，其在入围的 700 所优秀高中中脱颖而出，摘取了价值 27 万美元的"英特尔明星创新奖"。奖项表彰伊利诺伊数理学院"提供了一个最完整的计划，使技术得到富有创意的、有效的使用，使社区和学生家长积极参与学生学习和研究，使专业发展和团队精神得到提升，使历届学生在学业成就上始终表现突出"。

（四）肯塔基盖登数理学院

2007 年秋季，盖登数理学院招收了首批学生，肯塔基州共 120 名高中生入学。其成立过程可谓磨难重重，从最初向高等教育委员会投递的一份概念书到最终成立，历时十年之久。学校在有识之士的力荐、政府议员的支持以及倡导者的不懈努力下终于修成正果。

坐落于西肯塔基大学（Western Kentucky University）的盖登数理学院是一所由肯塔基州政府财政支持的主攻数学和科技的州长学校。该学院虽然位于大学校园之内，但它仍然是一所高中，颁发高中毕业文凭。学校财政是由肯塔基州政府拨款支持的，因此对所有在校学生免费。学校不仅给每位学生配发一台预装有必需软件的笔记本电脑，而且免除学费和食宿费。学生宿舍楼里面的各种设施丰富了学生们的业余生活。

盖登数理学院在建校模式上模仿了德克萨斯数理学院，因此两校在课程设置上也大致相似。学院的学生和大学生们一起学习相同的课程。课程设置包括三到四门数学课程，生物、化学、物理这三门课中选择一门必修和一门选修，一门计算机课程，STEM 选修课程，两门英语课以及其他肯塔基州高中毕业要求所需的课程。学生毕业后获得高中毕业证书，并获得至少 60 个大学学分。在这里，大多数学生还有机会在教授的指导下进行研究工作，而且教授们会同学生们沟通自己的研究兴趣所在。此外，学生还有机会去其他国家参观访问。

有趣的是，虽然该校的筹建好事多磨，但学校成立后仅四年（2011 年），便在《美国新闻和世界报道》的全国两万余所高中里排名居于首位。

三、主要特点

作为选拔性高中,"州长学校"与第一章中介绍的特殊高中有许多共同点,如丰富的、具有挑战性的课程,更强的师资等。然而,相比之下,州长学校更具有战略和示范意义,它们的定位、策略、资源、能力和基础设施建设都有自身特点。①

(一) 高端的学校定位

高端定位并非只是说学生的课程要有更高标准,学生要进一流大学,而是说,州长学校要成为标杆、树立榜样,要立足教育的前沿,解决教育中的重大问题,要有总体设计上的创新。州长学校的建制主要有两种,一种是州政府直接委任独立理事会管理,另一种是挂靠在州立大学系统,直接作为州立大学的一个机构。这种建制,保证了州长学校的独立性,从而得以在目标和使命的确定上能够完全不同于一般学校,甚至不同于一般特殊高中。比如,伊利诺伊数理学院的办学宗旨是"建立一个以深刻的问题、合作的关系、个人化的学习经验、全球化的触角、灵活的技术和探索性的社会辐射功能为特征的系统,点燃、培养学生们的创造力、道德观以及科学的头脑,以便改善人类状况"。为此,学校兼有教育实践研究机构、教师专业发展机构、辐射社会(outreach program)等诸多功能,力图成为"引领世界注重想象和探究的教学实验室"("the world's leading teaching and learning laboratory for imagination and inquiry")。这样的定位和北卡罗来纳数理高中相仿。笔者 2012 年访问北卡罗来纳数理高中时,学校刚刚完成了 2012—2017 年战略计划的制订,具体目标是:

- 让每个驻校学生在真实世界的学习经验中浸润和成长;

---

① Winkler, D. L. , Stephenson, S. & Jolly, J. L. (2012). Governor's schools: an alternative for gifted children. *Gifted Child Today*, 10,292 - 294.

- 每年增加选择 STEM 作为发展方向的毕业生比例;
- 和大部分北卡选区的学区建立合作伙伴关系,为当地教师和学生提供高质量的教育内容和服务;
- 在未来五年(2012—2017)中让一百万名学生和十万名教师使用 NCSSM 的产品和服务。①

相比之下,路易斯安那文理高中和盖登数理学院基于本州的特殊情况,更多地把毕业生的深造和发展作为主要战略。但不管怎样,这些学校服务全州、引领教育方向的功能定位是一致的。比如路易斯安那文理高中的远程教育计划(详见后面的介绍)。

(二) 丰富的资源保障

和高端定位相应的是州长学校丰富的资源保障。没有丰富的资源,许多宏大的远景就会落空。州长学校有许多独特的优势,比如一般坐落在州府城市或大学校园,并且是寄宿学校,行政隶属大学系统或受州政府委托理事会管辖,具有独立学校的资质(类似私立学校),而不属于具体地方学区或州的教育法规限制。这种建制为州长学校获得更多资源奠定了基础。

1. 政府力量的支持

州长学校需要州政府的财政支持。在美国这样强调人人平等的国家,任何一笔"额外"的用在"少数人"身上的教育支出都需要有令人信服的符合本州人民福祉、发展利益的诉求。伊利诺伊数理学院成立伊始就因为资金来源而遇到停办的威胁。总监马歇尔带着她的全体学生到州立法院声辩,才使学校不至夭折。如今,学校的年预算是 2 200 万美元左右,其中 1 800 万来自州政府。大部分州长学校的生均预算在 2 万到 3 万之间,大大高于一般高中的 7 000 多美元。

2. 大学资源的支持

许多州长学校坐落在大学校园里,类似大学附中,能利用很多现有大学课

---

① http://www.ncssm.edu/strategic-plan.

程和资源,如教授、实验室、图书馆。德克萨斯数理学院和肯塔基盖登数理学院的教师全部是大学教师。根据斯蒂芬斯[①]的研究,州长学校大部分的教师都具有硕士或博士学位,其中,获得博士学位的教师比例在 19%—73% 之间。像盖登数理学院基本上就是一个类似中国的中科大少年班的机构,只不过编制上仍属于高中(免费基础教育),但所有教材、教师、图书馆、实验设施设备,都是大学的。即使像北卡罗来纳数理高中和伊利诺伊数理学院等拥有独立校园的州长学校,它们也与本地区高校有紧密的合作,从而保证了自身得天独厚的条件。

3. 社会资源的支持

虽然传统选拔性特殊高中或"磁石学校"也常常通过社会网络、校友和家长获得大量社会的人力物力支持,但州长学校的地位和区位优势使它们在这方面有更广泛的人脉和社会基础。许多州长学校设有访问教师或访问学者项目,邀请许多来自工商业、大学和其他公立高中的讲师到学校来做讲座等。人员交流促进了信息的流通,使州长学校总是站在教育的前沿,而不被学校繁琐的日常事务埋没了进取心和锐气。值得一提的是,由州长学校牵头成立了"全美STEM 高 中 联 盟"(National Consortium of Secondary STEM Schools, NCSSS)[②]。

"联盟"由北卡罗来纳数理高中、路易斯安那文理高中、伊利诺伊数理学院这 3 所最早成立的州长学校牵头,与其他 12 所科技高中在托马斯杰佛逊科技高中举行了一次大会。这 15 所学校就成了"联盟"的最初成员,目前,联盟成员已经超过了 100 所高中。"联盟"的组织构成包括三个部分:特色高中学校会员、附属大学会员以及董事会。董事会由知名企业、社会人士、大学教授代表构成。50 多所加盟大学中不乏一流大学,如耶鲁大学、哥伦比亚大学。"联盟"的宗旨是致力于服务旗下的学生和专家,加强校际合作,履行有利于科学、技术、

---

① Stephens, K. R. (1999). Residential math and science high schools: a closer look. *Journal of Secondary Gifted Education*, 10, 85 - 92.

② 该联盟原名为"全美数学、科学和技术特色高中联盟"(National Consortium for Specialized Secondary Schools of Mathematics, Science and Technology, NCSSSMST),于 2014 年更名,联盟原有的宗旨与任务不变。

工程、数学(STEM)发展的政策,并且倡导教育的转型。"联盟"将自己定位为教育转型的"催化剂",让学生、老师和社团能够满足科技飞速发展的时代的要求。"联盟"设立了各种项目,对那些致力于吸引和培养学生们在 STEM 领域成为领导人才的特殊学校提供支持和帮助。比如,"联盟"出版自己的学术刊物,有自己的教师年会,学生有年度研究论坛,每年在美国主要城市轮流举行,"联盟"所属学校的学生有机会和其他学校学生共同交流研究课题、成果。对学生来说,论坛是一个很好的历练和励志场所。

(三)新锐的课程与教学

不同于上一章的选拔性特殊高中,州长学校在体制上更像大学,课程设置更前卫,教学手段更具有实验性,校园文化更能体现未来学校构想。

笔者在 2012 年访问北卡罗来纳数理高中期间走访和旁听了几门课,并与各系的骨干教师展开座谈。在"发展生物学"的实验课上,我们看到学生在老师指导下分成五六个小组,用活蚯蚓作特定刺激条件下动物的基因反应的测量和研究。担任本课的教师很年轻,刚从杜克大学生物学博士毕业。我们还旁听了一门由一位语文老师和一位历史老师合作开设的整合历史和语文的通识教育课,十几个学生围坐成一圈,授课方式是典型的大学阶段的研讨课(seminar)。那天课上的主题是简·奥斯汀《傲慢与偏见》中的 18 世纪英国社会阶层和风俗人情。那堂课没有教科书,学生人手一本《傲慢与偏见》原著。课余时间我们看到学生在大树下读书,可见课外阅读是教学的重要一环。学校的书院和田园气息让在场的中国客人(一批学者和校长)恍若置身世外桃源。我们后来被告知,提供各种社区服务,也是学校对学生的一项重要考核。

笔者 2015 年访问伊利诺伊数理学院时,感受到这里的"教育实验室"的氛围。在这里,学生为自己的选题、参与的活动(包括社区服务)而忙碌,而不是从一个教室到另一个教室,完成学校规定的各项课程。每个星期三是"研究日",大半学生去了芝加哥各大学实验室或科技创业孵化园。教师和学生讨论的是研究项目的进展、个人发展的方向选择,而不是作业完成得怎样,成绩是否"理想"。即使是刚进学校的学生,也开始为这样的工作状态做准备。所以现任学校总监(President)托雷斯博士对笔者说,我们学校不是一个一般意义上的学校(school),而是一个学术机构(academy)。

(四)示范辐射效应

由于州长学校用的是纳税人的钱,因而州长学校的丰富资源不仅需要用来服务在校的寄宿学生,而且必须惠及全州更多的学生。它的前卫的教育理念和实践也需要对全州学校发挥示范作用。因此,除了传统的服务于寄宿学生的课程设置之外,州长学校大部分都设有在线教育和远程教育。比如,北卡罗来纳数理高中的远程教育和延伸计划部门(the Distance Education and Extended Programs Division, DEEP)充分利用尖端科技来服务北卡罗来纳州的学生和教师。学校共有四个工作室,都配备了精密的视频会议设备。老师们利用先进的学习管理系统,一体化的网络工具和视频播放来和北卡罗来纳州各地的学生们进行互动。对学生而言,他们不仅可以学习到在科学、数学和人文等方面的荣誉课程和 AP 课程,还能有机会参与到交互式的、手把手的实践活动中去。DEEP 也为各地教师提供了职业培训(Professional Development)的研习班(workshop),让老师们接受教学法方面的指导以及教学内容方面的完善。同时,学校的教研部(Research & Evaluation)也会定期分析和评估各项措施实施的效果以促进整体教学质量的提高。

和北卡罗来纳数理高中一样,路易斯安那文理高中在远程教育方面也有很长的历史。1989 年,学校便和路易斯安那州教育部合作创立了虚拟学校的计划。发展至今,学校有两项正在运行的在线项目,一个是虚拟学校(LSMSA Virtual School),另一个是在线学院(LSMSA Online Academy)。这些项目都为学生们提供了补充强化的课程学习。例如,虚拟学校提供了多达 35 个在线的初高中 AP 课程,在线学院则给那些优异的初中生(7、8、9 年级的学生)提供了提前学习高中课程的机会。

四、成就、影响和现状

大部分州长学校都已经有三十年左右的历史了。如何评价州长学校的成就和影响力，往往需要政府作出恰当的评估，让纳税人信服。对高中学生来说，学校的大学竞争力或升学率还是一个比较基本的指标。但是，如果仅仅从升学率去考察，往往会忽略更重要的方面，如州长学校在课程和教学，乃至整个教育观念和学校文化方面所做的努力。

从大学竞争力角度而言，州长学校从生源到优质教育无疑有得天独厚的优势，因而其成就斐然不足为奇。截至 2008 年，路易斯安那文理高中的 3 875 名毕业生获得大学提供的鼓励优秀的奖学金，共计一亿五千三百万美元，人均四万美元左右。伊利诺伊数理学院的毕业生被录取最多的五个州外大学依次是华盛顿大学(西雅图)、麻省理工学院、斯坦福大学、哈佛大学和莱斯大学。数据显示，像哈佛、麻省理工、斯坦福这样的大学是不会录取没有突出强项的高考"状元"的[①]。州长学校的毕业生，和一般学校的高中毕业生相比，不是强在分数上，而是强在他们接触了科学技术前沿，他们接触的一些东西，甚至连一般大学的本科生都闻所未闻；他们的眼界(以及情怀)是大部分高中毕业生所不具备的。

我们在前面已经提及伊利诺伊数理学院于 2009 年获得了"英特尔明星学校"的称号。只要看一下学校毕业班举行的学生研究论坛，就可知为什么该校能够在 700 所高中中脱颖而出，获此殊荣了。笔者 2015 年访问该校时，看到了当年(2014—2015)毕业班的学生研究论坛摘要，共计 180 份研究报告。考虑到该校每届学生人数在两百左右，基本上毕业班全员参加了。考察这些研究报告的选题，其中一般生物学 42 篇，神经生物学 24 篇，生物化学和生物工程 8 篇，医学 14 篇，化学 13 篇，物理 14 篇，计算机科学 16 篇，工程 13 篇，心理学 9 篇，经

---

① Jones, B. A. (2009). Profiles of state-supported residential math and science schools. *Journal of Advanced Academics*, 20, 472-501.

济学 7 篇,数学 4 篇,太空科学 4 篇,其他(商业、教育、英语、历史、法律、社会科学等)16 篇。下面是一些学生研究报告的选题:

- 改进在荧光引导脑手术中对癌细胞的辨识度
- 乳腺癌的分子水平分类和 Ki - 67 蛋白质在肿瘤生长中的作用
- 在高压下利用 SIS 技术改变高分子结构的特性
- 设计在仿真情境中能胜过人类的人工智能计算法
- 美国的天然气价格对空气质量和公共健康的影响
- 用一种新的核磁共振技术对脊椎底部作三维分析
- 功能性电刺激对手的控制效应
- 量子计算语言的更有效的新计算法(数学)
- 将核磁共振与 EEG 结合观察不同睡眠时段大脑活动区域

这些论文和研究报告都是作为先前提及的"学生探究研究"(SIR)课程在大学和科研机构完成的。因此,不难理解为什么这些学生会成为"英特尔科学人才搜索"大学奖学金计划的有力竞争者。值得一提的是,学生不仅从中受到了学术和科研熏陶,而且找到了与自己志同道合、志趣相投的同学。许多学生说参加这样的项目很有可能会改变他们的一生。据调查,在项目结束后的很长一段时间里,很多学生依然和该项目组的成员保持着紧密的联系。在一个对州长学校毕业生的回访调查中,有人说州长学校给英才学生们最大的影响在于社交方面,也有人说是它们给了学生自由的空间来思考自我。①

教育对人的影响有时无法直接用数字计算。三十多年后再看这些州长学校和其他选拔性高中的成就,这样的投资回报往往是无价的。州长学校的学生起步早,按照自己的特长、兴趣发展自己,学校为他们个人创造力的发展提供了

① Cross,T. L. , Hernandez, N. R. & Coleman, L. (1991). Governor's schools:an idea whose time has come. *Gifted Child Today*,14(4),29 - 31. McHugh, M. W. (2006). Governor's schools: fostering the social and emotional well-being of gifted and talented students. *The Journal of Secondary Gifted Education*,17(3),50 - 88.

有利条件和各种机会。时至今日,美国依然在科技、艺术、文化、学术各个领域引领世界潮流,部分应归功于这些州立精英学校的努力。

由于近年美国经济不景气,州长学校受到了巨大的生存挑战。有些州政府试图削减部分或全部对州长学校的财政支出,一些州长学校(如北卡罗来纳数理高中)由于有校友们的赞助和支持得以延续其发展。多样化的资金来源帮助部分学校度过了经济困难时期。

州长学校的另一个关切问题是学生是否能够坚持到毕业(retention)。大部分州长学校都有15%左右的学生中途退学,回到他们父母居住的学区上高中。其中很大一部分原因是不习惯离开家人、离开家乡的寄宿生活,但也有少部分是学业不良或行为不良的问题。由于美国崇尚个人自由和选择,有些学生出于各种原因中途退出是正常现象。但从校方的角度来说,都希望能对学生出现的问题作出及时有效的回应。因此,如何针对这些出现适应问题的学生展开及时恰当的预防和干预,是许多学校着眼解决的问题。

第三章 私立精英高中：古老中的独树一帜

私立教育在美国教育发展过程中发挥着重要作用,历史上私立学校一直是美国学校教育的"中流砥柱"。截至 20 世纪末期,美国每四所中小学校中就有一所是私立学校,全国范围内 11％的 K‐12(Kindergarten to 12th grade)阶段学生就读于私立学校。① 在高等教育阶段,我们所熟知的美国精英高校联盟"常青藤"的成员全部是私立大学,从某种意义上来说,私立教育是美国精英教育的代名词。一提及美国的精英学校,人们自然而然地会想到私立学校。事实上,并不是所有的私立学校都是精英学校,精英学校只是私立学校中的一部分,本章探讨的就是美国高中学校的"常青藤"——私立精英高中。

一、历史简述

美国私立精英高中历史悠久,许多学校都有上百年的历史,有些甚至早在 18 世纪就得以建立。这些精英高中借鉴英国公学的办学模式,大到办学理念,小到课程设置,都保留着精英教育的传统。由于这些学校几乎都是寄宿制学校,一般也会以精英寄宿制学校来指称这些私立精英高中。

最早的精英寄宿制高中是在新英格兰地区兴起的。当时,美国上层阶级建立了自己的社区、教堂、休闲场所以及一些社交和运动俱乐部,以将自己(包括

---

① Council for American Private Education's school choice issue paper. (1997‐03). http://www.capenet.org/pubpol.html.

后代)与社会其他阶级隔离开来。而这些精英寄宿制学校的成立作为上层阶级"圈地运动"的一部分,为其提供了教育后代的场所。这些私立精英高中历史悠久,大部分都成立于19世纪末20世纪初,有些学校的历史更为久远,如菲利普斯埃克斯特学院(Phillips Exeter Academy)成立于1781年,已经具有两百多年的历史。还有很多百年名学校,如成立于19世纪50年代的希尔中学(Hill School)、圣保罗中学(St. Paul's School)等。

1823年,约瑟夫·科格斯韦尔(Joseph Green Cogswell)与乔治·班克罗夫特(George Bancroft)创建了圆山中学(Roundhill School),这是第一所真正的寄宿制高中。然而,由于经济问题,学校于1834年关闭。在圆山中学之后,其他一些寄宿制学校相继建立,但又因各种原因被迫关闭。1851年,希尔中学(Hill School)在宾夕法尼亚州成立。1856年,圣保罗中学(St. Paul's School)在新罕布什尔州成立。1865年,马萨诸塞州的圣马克中学(St. Mark's School)成立。之后,劳伦斯维尔中学(Lawrenceville School)以及格罗顿中学(Groton School)也分别于1883年和1884年成立,还有后来建立的霍奇基斯中学(Hotchkiss School)、乔特中学(Choate School)、圣乔治中学(St. George's School)等等,这几所学校一直发展至今。至19世纪末,美国共成立了61所精英寄宿制高中。这些寄宿制学校成为美国主要的中等教育机构,直到1879年,73%的中学生就读于包括精英寄宿制学校在内的私立学校。[1]

然而,这一时期的精英寄宿制高中并不完全以学术和升学为导向,其具备两类课程,一类为学生毕业后升学做准备,另一类则为那些离开学校后直接就业的学生服务(这与后来兴起的公立综合高中的职能相同),因而学校在开设学术课程的同时,也开设了职业教育课程。如菲利普斯埃克斯特学院和安多佛菲利普斯学院(Phillips Academy Andover)均开设有一定的职业类课程。

19世纪末20世纪初(特别是1883—1906年间)是寄宿制高中的快速发展时期。这一时期,正值美国经济开始工业化发展,经济的快速发展要求学校培

---

① Peter W. Cookson, Jr. & Caroline Hodges Persell. (1985). *Preparing for power: America's elite boarding schools.* New York: Basic Books, 51.

养大量能够从事手工业的劳动者。原本只是为少数人提供人文教育的公立高中开始扩大教育范围,学校教育教学也转而致力于满足学生毕业后的工作需求。再加上这一时期,大量欧洲移民涌入美国,其子女纷纷就读于公立学校,随之也导致公立高中教育质量的下降。出于对公立高中教育质量的不满,美国东北部地区的贵族们想要建立自己的教育机构来培养和教育自己的子女,在界定和巩固他们的文化的同时,也将他们与大量移民者隔离开来。同时,由于当时美国大部分城市都充斥着暴力、吸毒等犯罪行为,而公立高中往往建立在城市中心,在郊区建立精英寄宿制高中也可以使自己的孩子远离城市的喧嚣。①

需要指出的是,19世纪末20世纪初这一时期的寄宿制高中,一部分是新成立的,一部分则是由原来的学校转型而来的。19世纪80至90年代期间,公立高中方兴未艾,给寄宿制高中的发展带来了重创。这些由公共资金支持的免费高中学校发挥着寄宿制高中的一部分功能(即向普通大众提供职业教育),导致寄宿制高中的招生人数下降,许多学校被迫关闭。19世纪末期,在私立学校就读的中学生比例降到30%,而到了20世纪初,就读于私立学校的中学生只占所有中学生的10%。② 公立高中兴起所造成的生源流失,促使许多寄宿制高中开始改变学校的结构与功能,它们放弃了为职业生涯做准备的教育教学项目,同时提高学校的学术标准,进而转型成为大学预备校。包括菲利普斯埃克斯特学院和安多佛菲利普斯学院在内的诸多私立高中都在此期间经历了巨大的转型。这些在危机中挺过来的学校都成为今天的精英名校。1966年,10所顶尖私立精英高中,基于共同的目标和传统(重视实施全人教育),组成了"十校联盟"(Ten Schools Admission Organization,TSAO),其成员学校包括霍奇基斯中学、乔特罗斯玛丽中学(Choate Rosemary Hall)、迪尔菲尔德学院(Deerfield Academy)、希尔中学、劳伦斯维尔中学、卢米斯查菲中学(Loomis Chaffee

---

① Steven B. Levine. (1980). The rise of American boarding schools and the development of a national upper class. *Social Problem*, 28(1),63 - 94.

② Peter W. Cookson, Jr. & Caroline Hodges Persell. (1985). *Preparing for power: America's elite boarding schools*. New York: Basic Books, 51.

School)、圣保罗中学、菲利普斯埃克斯特学院、安多佛菲利普斯学院以及塔夫特中学(Taft School)。"十校联盟"成为私立精英高中的典范,表3-1是对这些学校办学情况的具体说明。

表3-1 私立精英高中"十校联盟"办学情况概览(2018—2019学年)①

学校	创建时间(年)	学生人数	教师人数	生师比	具有硕士以上学历教师比例	平均班级规模(人)	开设课程数	AP课程数
安多佛菲利普斯学院	1778	1 144	218	5:1	83%	13	300＋	/
菲利普斯埃克斯特学院	1781	1 138	212	5:1	78%	13	450＋	/
劳伦斯维尔中学	1810	817	116	8:1	74%	12	/	/
希尔中学	1851	525	61	8:1	69%	12—14	/	28
圣保罗中学	1856	534	117	5:1	76%	11	/	/
迪尔菲尔德学院	1797	660	125	5:1	70%	12	170	/
卢米斯查菲中学	1874	700	178	4:1	/	12	225＋	/
乔特罗斯玛丽中学	1890	850	119	6:1	/	12	/	/
塔夫特中学	1890	606	129	5:1	73%	11	200	29
霍奇基斯中学	1891	600	153	/	72%	12	200＋	/

二、代表案例

在探讨了美国私立精英高中的成功奥秘之后,本节内容将以几所学校为代表,力求较为系统地展现私立精英高中的教学全景,包括美国最古老的私立寄宿制高中菲利普斯埃克斯特学院,最初为耶鲁大学预备校的霍奇基斯中学以及作为最早成立的女子中学之一的艾玛威拉德女中(Emma Willard School)。此外,本节还将对一个并不来自于学校、但类似于学校教育的私立高中教育计划

———————————

① 该表格中的数据大部分来自各所学校官网提供的 2018—2019 学年统计数据,其中,菲利普斯埃克斯特学院是 2014—2015 学年的统计数据。"/"表明学校官网没有提供相关信息,"＋"表示超过,如课程中"200＋"表示 200 多门课程。

进行介绍。

(一) 菲利普斯埃克斯特学院

菲利普斯埃克斯特学院位于新罕布什尔州的埃克斯特市,是全美最好的私立寄宿制高中之一。学校由约翰·菲利普斯(John Phillips)博士创建于1781年,最初为男校,1970年开始招收女生,成为男女同校。该校提供9—12年级教育,具有极高的选拔性,学生录取率为17%。2014—2015学年,学校有学生1 138人,其中寄宿生851人,走读生287人。菲利普斯埃克斯特学院实行小班化教学,平均班级人数为13人,生师比为5∶1。学校有教师212人,其中,20%的教师具有学士学位(43人),59%具有硕士学位(126人),19%具有博士学位(41人)。学校建筑保留了18世纪新英格兰地区的典型特征,校内有教学楼、行政楼、邮局、图书馆、艺术馆、音乐中心、健康中心、书店、学术中心、戏剧院、餐厅以及一些运动设施,其中的教学楼颇具乔治亚时代的艺术风格。

菲利普斯埃克斯特学院强调知识与美德相结合。两百多年以前,学校创办者已经对学校的使命作出界定,"教育者应该视学生思维和道德的发展高于一切,没有知识的美德是无力的,而没有美德的知识是危险的,两者共同组成了人类最崇高的品质"。直到今天,学校仍然践行着这一使命,培养兼具学习能力、求知欲、不屈不挠精神和良好品德的学生。这一理念也被称为"哈克尼斯哲学"(Harkness Philosophy)。学校在为学生提供挑战的同时,也给予了极大的支持,其最终目的在于推动学生个体的发展以及作为社会成员的发展("to stimulate their development as individuals and as members of society")。在学校中,师生之间以及同学之间的讨论和深入交谈促进学生思维的发展,丰富的课堂教学及课外活动推动学生的身心成长,同时,寄宿制的学校环境使得学生在与人交往的过程中获得同情、友爱和诚实等品质。学校认为成功的教育取决于学校办学的全方位和多元化,因而,十分珍视师生们为学校带来的差异性。

菲利普斯埃克斯特学院教学质量优异,学校设有英语、古典与现代语言、数学、经济学、科学、计算机科学、历史、健康与人类发展、心理学、宗教、人类学、艺术、音乐、戏剧与舞蹈以及体育等系所,开设课程450多门,包括必修课程和选修课程。学校学制灵活,学生可以自由选择在该校就读一年、两年、三年或四年。除体育课程之外,学生每学年至少需要选修 15 个学分,每门课上完一个学期即可获得一个学分。具体到艺术、古典与现代语言、英语、历史、数学、科学、体育和宗教等必修课程,针对不同学年制的学生,学校的学分要求也有所不同。其中,由于一年制学生在校就读时间较短,为了让学生充分且合理利用在埃克斯特的学习时间,学校要求学生在选课时咨询大学升学办公室和各系主任,这些教师会结合学生的学习经历、学习兴趣、理想高校的录取条件与他们父母的要求,为学生提供选修课程方面的建议。

菲利普斯埃克斯特学院首创了哈克尼斯教学法(Harkness Method),它是一种以学生为中心的教学模式,一直以来,推广这一教学模式是学校的重要目标之一。1992 年,学校成立埃克斯特数学研究所,为美国圣地亚哥、亚特兰大、菲尼克斯、达拉斯和纽瓦克市的 2 500 多所公立学校提供培训。此外,学校还组建了安雅·格里尔数学科学技术论坛、埃克斯特人文学院、莎士比亚论坛以及写作者工作坊,其他学校的教师可以利用暑期时间到埃克斯特进修。近年来,埃克斯特的教师培训项目为周边城市的教师提供了培训服务,而埃克斯特人文学院还将哈克尼斯教学法带到了加拿大、巴拉圭、智利、巴基斯坦等国。这些教育培训项目构成了学校的特色——哈克尼斯校外拓展项目(Harkness Outreach)。

(二)霍奇基斯中学

霍奇基斯中学位于康涅狄格州的莱克威尔市(Lakevile)。1891 年,在时任耶鲁大学校长蒂莫西·德怀特(Timothy Dwight)的指导下,玛利亚·霍奇基斯(Maria Hotchkiss)创办了霍奇基斯中学,为耶鲁大学培养大学预备生。创建之初,霍奇基斯只是一所男校,直到 1974 年,学校才招收了第一批女学生,成为男女合校。如今霍奇基斯已发展成为美国最好的私立中学之一,学校规模也由原来的 65 英亩扩大到 827 英亩。目前,霍奇基斯提供 9—12 年级教育,2016—2017 学年有在校生 627 人,教职工 155 人,生师比为 5∶1,其中 84% 的教师具有硕士及以上学历。学校实行国际化办学,其学生来自美国 38 个州以及其他

34 个国家。

霍奇基斯为学生创建了信任、尊重和仁爱的校园环境,致力于培养学生的公民意识、正直品格以及对学习的热爱与对卓越的追求,要求学生掌握学习技能、保持求知欲并积极参与本校及其他学校的活动(如体育活动)。同时,学校鼓励他们勇敢和清晰地表达自己的想法,保持对艺术和审美的敏感度,在他们离开霍奇基斯时,能够以服务他人和保护环境为使命,更好地理解自己在全球社会的责任。

霍奇基斯十分重视经典教育,一些传统教育方法一直保存至今。随着时间的推移,学校的教育规模逐渐扩大,目前有古典与现代语言系、英语系、人文与社会科学系、数学和计算机系、科学系、视觉与行为艺术系、跨学科课程系、人类发展系等 8 个系(academic department),共开设 220 多门课程。该校的学习项目内容广泛且具有极大的灵活性,学生可以结合个人的学习特征和兴趣,与其指导教师共同商讨选修哪些课程。霍奇基斯的学业要求十分严格,课程内容艰深,但学生们普遍都爱学、乐学,正如一名学生提及在霍奇基斯的学习经历时所说,"学习是很严酷的,但更重要的是,我们陶醉其中"。

学校的课外活动丰富多彩,各类学生俱乐部多达 65 个。同时,学生们全权负责 8 份出版物,包括科学类杂志《没有极限》(No limits)、运动类杂志《加分》(The Extra Points)和《报纸》(The Paper)、《霍奇基斯年鉴》(The Mischianza)、报纸类《记录》(The Record)和《鞭策邮报》(The Whipping Post)、艺术类杂志《回顾》(The Review)以及创造性写作类杂志《写作障碍》(The Writing Block)。音乐合奏组也是学生组织的活动之一,包括霍奇基斯合唱队、室内合唱团以及一些音乐课程。

虽然是一所私立学校,但霍奇基斯十分重视学校对社区的服务作用。学校欢迎附近的居民和朋友们利用校园资源以及参加学校组织的部分活动,这些活动包括学校开学期间及暑期举办的晚会、讲座、电影、舞蹈表演、话剧表演等。同时,霍奇基斯的一些教育资源也免费向公众开放。① 积极热心的霍奇基斯学

① http://www.hotchkiss.org/abouthotchkiss/community-resources/index.aspx.

生也开展了一系列社区服务活动。其中,"霍奇基斯献血活动"每年举办一次,目的是鼓励学生、家长和附近居民献血,为美国红十字会提供血源。

(三) 艾玛威拉德女中

位于纽约州特洛伊市的艾玛威拉德女中是美国建校最早的女校之一。1814 年,秉承着女孩应该与她们的兄弟具有相同机会的理念,先锋教育家艾玛·威拉德(Emma Willard)创建了艾玛威拉德女中。如今,这所学校仍然坚守她的教育理念,致力于培养每个年轻女生热爱学习、知性生活的习惯,并运用品格、道德力量及领导力来服务和影响其所生活的世界。

2014—2015 学年间,艾玛威拉德女中有学生 346 人,其中寄宿生 210 人,走读生 136 人,这些学生来自 35 个国家和美国的 24 个州,国际学生有 73 人,可以说,艾玛威拉德是一个不分国界的"女性世界"。学校班级规模较小,一般在 12—14 人之间。生师比为 6∶1,共有全职教师 44 人,兼职教师 5 人,其中获得硕士以上学历的教师有 38 人,占总教师数的 77.6%。[①]

艾玛威拉德女中设有英语系、历史系、数学系、语言系、科学系、科学技术系和艺术系,共开设课程 140 多门。其中,英语系的课程主要是让学生阅读和分析文学名著,学习词汇、语法和写作,这些名著既体现了传统的西方文明,又包含现代的多元文化。历史系的课程有世界历史、美国历史、美国政府与政治以及当代欧洲历史等。数学系的课程包括代数、代数几何、微积分与统计等。语言系主要开设了不同层次的汉语、法语、拉丁语和西班牙语课程。科学系开设的课程有物理、化学、生物、神经系统科学、天体生物学、法医学、科学道德、STEM 实习项目、环境研究、工程学入门、工程实例。科学技术系的课程主要是计算机科学课程及编程等,旨在帮助学生探索现代科学技术并加以运用。艺术系的课程包括音乐、戏剧、舞蹈、视觉艺术等,通过学习这些课程,学生能够习得每个艺术学科的言语表达技巧、问题解决技巧和表现技巧。除了开设这些基础课程之外,学校还开设了英语、西班牙语、法语、拉丁语、汉语、统计、微积分、化

---

① http://www.emmawillard.org/about-emma/fast-facts.

学、生物、物理、美国历史、艺术史、视觉艺术和计算机科学等学科的 AP 课程。①

作为一所女中,艾玛威拉德女中具有鲜明的办学特点。学校坚信,每个女孩都有自己的"独特印记"(signature),都能为这个世界作出贡献并留下自己的名字。为了鼓励学生通过个性化的独立学习来探索自己的想法,激发对学习和生活的热情,学校开展了个性化学习项目,学生可以根据个人兴趣选择 STEM、人文学科、艺术或经济学科作为自己的主要学习领域。值得一提的是学校成立的"实践与签名项目"(Practicum and Signature Program)。借助该项目提供的机会,该校学生可以在企业、社区或其他机构进行实习,实现认识真实世界并获得实践经验的目的。在此过程中,"实践与签名项目"的导师、指导教师、教练、同学以及校友们会为每个实习学生提供指导。

(四) 其他私立高中教育计划

除了私立精英高中以外,美国还存在一些高中阶段的"私立"选拔性教育项目,这些教育项目大多由基金会等公益性社会机构实施,其不同于"学校"提供的正规学历教育,但类似于学校的"教育计划"。较为著名的是杰克·肯特·库克基金会的"年轻学者"项目(The Jack Kent Cooke Foundation's Young Scholar's Program)。

"年轻学者"项目成立于 2001 年,是一个为期 5 年的选拔性大学预备奖学金计划,主要为那些具有高学习能力和学业成就的中学生提供经济支持,进而帮助他们实现学术潜能。基金会每年最多选拔 65 人进入该项目,在挑选"年轻学者"时其主要看中候选者的以下品质:(1)较强的学习能力与较高的学业成就;(2)经济条件不足;(3)面对困难时的决心和毅力;(4)领导力与公共服务的意识;(5)批判思维能力;(6)对艺术和人文科学具有一定的鉴赏力。具体来说,基金会的选拔标准包括:(1)就读于 7 年级并计划进入 8 年级学习的学生;(2)自 6 年级以来,所有学科成绩等级都是或大部分是 A 且没有 C;(3)提供最近两年来参加标准化考试的成绩(如 SAT/ACT);(4)家庭收入证明,年均收入

---

① http://www.emmawillard.org/programs/academics.

不超过 95 000 美元；(5)计划升入高中的美国公民。符合条件的学生可在每年 1—4 月份提交申请。

截至目前，通过"年轻学者"项目，库克基金会已经资助了全美 800 多名学生，为他们提供从 8 年级到整个高中阶段的资金支持以及个性化的教育指导。具体而言，这些年轻学者们获得的资助包括：(1)个人高中学业与升学指导；(2)覆盖整个学年教育项目及暑期拓展项目的学费；(3)开发音乐、艺术或其他才能的课程；(4)实习机会与海外学习的机会；(5)电脑、软件等教育资源；(6)加入高成就学生网络的机会；(7)获得库克基金会每年高达 4 万美元的大学奖学金的机会，等等。①

作为一个全国性的奖学金计划，"年轻学者"项目在招生时特别重视学生群体的多元化，其资助的学生来自全美范围内的各类高中，包括公立高中、私立高中、家庭学校、磁石高中、特殊高中等，学生背景涉及各个种族，包括白人、西班牙裔、亚裔、非裔、印第安人等，学生群体分布在各类地区，包括农村、城市以及郊区。该项目的成员均取得了卓越的成绩，100％的学生升入四年制学院或大学，其中升入具有高竞争性(highly competitive)学院或大学的学生占到 75％。②

三、主要特点

历经多年的发展，美国私立精英高中取得了卓越的教育成就。由于美国大部分总统都曾就读于私立精英高中，它们被称为总统的摇篮。同时，学校的其他毕业生也大都成为社会的佼佼者，大到政界或商界的领袖，小到各行各业的领军人物。这些私立精英高中之所以能取得如此卓越的成就，有哪些奥秘？对于中国的教育工作者而言，有必要对其背后的原因进行探究。

---

① Young Scholars Program Fact Sheet. http://www.jkcf.org/assets/1/7/YS_Fact_Sheet_2015-updated.pdf.
② Young Scholars Program. http://www.jkcf.org/scholarships/young-scholars-program.

(一）精英的教育目标

保留一贯的精英教育传统是私立精英高中成功的关键，而精英教育传统最直接的体现就是其培养精英的教育使命。

首先，私立精英高中一直坚守追求卓越的教育目标。学校始终把品德教育作为重要的教育内容，教育学生首先成为正直、友善、有责任心和领导力的人，之后才追求学识的增进。事实上，私立精英高中最初一直将品德教育作为学校的主要目标，直到 20 世纪 50 年代，它们才感到巨大的学术压力，即保证该学校的学生能够拿到选拔性大学的录取通知书。自此，就学校办学目标而言，品德教育即使不比学业成就更具优先性，至少也是同样重要的。如迪尔菲尔德学院的教育使命是"使学生养成探究性和创造性思维、获得健康的身体、形成坚定的道德品格以及坚守服务他人的承诺"，菲利普斯埃克斯特学院的使命是"推动思维的发展……促进身心健康……培育正直、同情和仁慈的品格"，强调知识与美德的结合，认为没有知识的美德是无力的，没有美德的知识则是危险的。米尔顿中学（Milton Academy）的校训是"勇于求真"（dare to be true），其将多元化和追求卓越作为学校的重要使命，创建一个培养学生的能力、信心和品格的环境。① 塔夫特中学的校训是"服务他人，而非受人服务"（Not to be served but to serve），以期帮助学生成为终身学习者和关爱他人的世界公民。佩蒂中学（Peddie School）致力于推动学生智力、社交能力和道德品德的提升，不仅为学生升学提供坚实的准备，同时激励学生为成为优秀公民而努力奋斗。② 同样，乔特罗斯玛丽中学也将强大的课程，以及学生在共同生活和相互学习环境下的品格养成作为学校两个相互交织的优先事项。这些教育目标转化成学校的校园文化，并通过严格而多元的课程得以体现，致力于培养学生卓越的学识与品格。同时，通过课程的传授，学校也保留了自身的教育使命与文化并不断将其传递下去。

---

① http://www.miltonmobile.com/about_mission.html.
② http://www.peddie.org/mission.

其次,具有全球视野和与时俱进的教育理念也是私立精英高中具有精英教育传统的体现。如菲利普斯埃克斯特学院和艾玛威拉德女中都开设了全球教育计划(下文会进行具体阐述),为学生提供前往其他国家学习的机会,鼓励学生探索世界其他国家的文化,寻求异域生活和学习的经历,并使这种经历成为学生人格发展和能力建构的重要组成部分。同时,随着科技的发展以及互联网的广泛应用,作为比较强调古典教育的精英私立学校,都与时俱进地开设了科技类课程,并将先进技术运用到教育教学的过程中,如运用 iPad 教学、开设网络课程等。

(二) 自由的学校环境

"要想造就天才,首先必须准备天才生长的土壤",良好的学校环境对学生教育发挥着潜移默化的熏陶和启迪作用。私立精英高中所具有的轻松自由的校园氛围为教师无拘无束教学以及学生自由自在学习提供了重要保障。这种环境包括学校的物理环境、管理环境以及学生学习环境。

1. 学校物理环境

私立精英高中大多地处郊区以远离城市的喧嚣与嘈杂。学校依山傍水,景色优美,其建筑大部分都历史悠久,历经岁月的磨蚀,却仍然保留着时代的印记,古朴典雅。置身其中,仿佛还能感受到前辈们孜孜不倦学习的身影及其对后人的谆谆教诲。整个校园环境自身就具有十分重要的教育意义,犹如春风化雨、润物无声。此外,私立精英高中都设有大量户外课程和课外活动,学生课上课下都可以接受到人与自然和谐相处的教育。

2. 学校管理环境

私立精英高中一般由自治的董事会或管理委员会直接负责,委员会任命学校的校长,校长掌管学校的人事政策与纪律。人们可能想象不到,大部分私立精英高中的校长并非上层阶级或家境富裕的美国人,而是中等收入的学者、慈善家或牧师。学校的管理具有较高的透明度,管理者、教师、学生之间有着广泛的信任关系。首先,管理者在制定学校发展规划及其他决策时充分尊重和信任教师的意见;其次,教师们普遍具有相似的背景,相互之间有基本的信任关系;再者,学校管理者和教师对学生和家长都有比较充分的了解,彼此尊重,相互信任。

3. 学生学习环境

与公立高中"工厂式"的教育模式相比,私立精英高中一直是"家庭手工式"的教育模式。同时,私立精英高中不必受到联邦及各州教育政策对课程内容、学校绩效和学生学业成绩要求的限制。因此,不同于公立高中拥挤而压抑的学习环境,私立精英高中的学习环境轻松而自由。学校开设了上百门课程,包括必修课程和选修课程,同时还有种类繁多的体育活动和实践活动,学生可以自由地结合个人的兴趣爱好进行选择。

(三) 雄厚的资金支持

私立精英高中的办学资金雄厚,为其实施精英化办学模式提供了经济保障。其办学经费很大一部分来自收取的学费。私立精英高中学生每年的学费普遍在 5 万美元以上。以米尔顿中学为例,2018—2019 学年,该校共有学生830 名,走读生 497 人,寄宿生 333 人。其中,走读生的学费为 51 460 美元,寄宿生的学费则为 61 920 美元。[①] 其他学校的学费标准也不相上下。虽然大部分精英私立高中都为一部分经济困难的学生(大概占 30% 左右)减免学费,但不得不说,学生学费仍然是一笔十分可观的收入。

除了学生的学费之外,私人捐赠也是私立精英高中办学经费的重要来源。有些学校接受的捐赠比一般的人文艺术学院还要高。如,2013 年,菲利普斯埃克斯特学院接受的捐赠占学校经营预算(operating budget)的比例高达 51%,圣保罗中学每年接受的捐款占学校经营预算的比例超过 12%。学校接受的捐赠大部分来源于校友。对于乔特罗斯玛丽中学而言,有三分之一的校友每年都会向学校捐款,2012—2013 年间,学校从校友中筹集到 490 万美元。此外,家长基金也是学校收入的重要来源,2012—2013 年,乔特家长基金委员会(Choate Parent Fund Council)从将近 65% 的学生家长中募集到 160 多万美元。

近年来,私立精英高中越来越强调多元化的办学理念,其中,实施丰厚的奖

---

① The Milton Academy Quick Facts. https://www. milton. edu/about/quick-facts.

学金政策,为那些无法负担学费但学业成绩优异的学生提供经济资助,成为私立精英高中促进学校多元化发展的措施之一。[①] 而奖学金的发放,也离不开学校雄厚资金的支持。

(四) 富有特色的课程

丰富、严格和富有特色的课程是私立精英高中之所以成为"精英"的重要因素。学校追求卓越的教育,这一使命决定着它们要为学生提供广泛的学习机会和挑战,让学生发展各自的兴趣,坚持独特的追求并且展示个人的才能和激情。这些目标只有通过为学生开设广泛的课程才能得以实现。具体而言,私立精英高中的课程主要有学术课程、体育活动和社会实践活动。

1. 学术课程

严格的学术课程是私立精英高中培养知识精英的重要保障。学校分为不同的系所,包括古典文学、数学、科学与技术、历史和社会科学、人文科学、艺术和宗教等,各个系所开设不同的课程,包括必修课和选修课。由于学校将学生升入好的大学作为重要目标,所有学生都要学习一些基本的核心课程(如英语、数学、历史等)以应对升学考试。除此以外,有些学校还会开设一些辅导课程,为学生提供写作等方面的技能培训。在公立高中忙于达到该州的教育标准,完成绩效考核,进而"不让一个孩子掉队"的同时,私立精英高中则将主要精力放在如何更有效地推动学校的课程建设方面。学校开设什么课程,不是因为要满足所在州的要求或是政客们的政策要求,而是结合家长的期望、学生个人的选课需求以及精英大学的招生要求进行综合考虑。因而,这些精英寄宿学校也成为课程创新与实验的理想场所。

2. 体育活动

私立精英高中的教育理念是培养全人,因而十分重视开设多种多样的选修课程,培养学生的多方面能力,其中,体育活动占据了相当大的比重。对于这些

---

① Shamus Rahman Khan. (2011). *Privilege: the making of an adolescent elite at St. Paul's school*. Princeton & Oxford: Princeton University Press, 99.

精英学校而言,体育活动不仅仅是"野蛮"学生的体魄,更是培养学生竞争和获胜的理念。这些活动包括足球、橄榄球、越野跑、水球、曲棍球、游泳、篮球、摔跤、体操等等。同时还有一些竞争性较弱的健身课程,如现代舞、瑜伽、芭蕾等。与美国私立精英大学类似,有些学校之间也会组织一些竞技比赛,如由十所私立精英高中组成的"十校联盟"把竞技比赛作为联盟内部的重要活动。

3. 社会实践活动

为了使学生得到全面发展,私立精英高中还会组织各种社会实践和服务活动,为学生提供校外学习、工作和服务的机会。这一点也与学校的教育理念相关,即认为手工劳作及实践活动在锻炼学生的思维与身体的同时,也有助于学生心灵的发展。例如,位于弗吉尼亚州的玛黛拉女子中学(Madeira School)开设了辅助课程项目(Co-Curriculum Program),每周三,学生不再学习正规课程,而是参加一些社会活动。针对不同年级的学生,辅助课程项目的活动也有一定差异。面向高一新生的辅助课程项目,主要是帮助学生获得身份认同(identity),为学生提供习得学习技能和社会技能的机会;高二学生的辅助课程主要是社区服务活动(service),一般是去儿童护理机构或医院提供服务;三年级学生主要培养公民责任心(citizenship),一般是为国会山的国会议员和参议员做助手;四年级的课程则注重培养学生的领导力(leadership),学生可以根据个人的兴趣,或出于对大学专业的考虑以及职业生涯选择,选择在某一领域的机构实习。[1]

(五) 全球教育计划

私立精英高中把培养学生的全球视野作为重要的办学理念,全球教育计划就是其重要体现。菲利普斯埃克斯特学院、霍奇基斯中学以及艾玛威拉德女中都启动了全球教育计划。

菲利普斯埃克斯特学院把学生的学习作为其全球教育计划的核心,让学生通过学习课程和课外的经验探索了解身处的世界。全球教育计划又分为"全球

---

[1] http://www.madeira.org/academics/the-co-curriculum.

学习课程"计划和"学生经验学习"计划。其中,"全球学习课程"计划指的是埃克斯特在美国之外的其他国家①设有 17 个课程计划(可修学分),其中大部分计划都为期一个学期,有些则长达一个学年。这些课程计划为学生和教师提供了跨国学习和构建联系的机会。"学生经验学习"(experiential learning)是一个没有学分的课外学习项目,为学生提供了许多独特的学习体验,包括在美国和国外的社区工作、实习项目、外国语言沉浸式学习项目、专门化学习旅行(如音乐、球类运动和古典语言等)以及埃克斯特探险项目(即假期由教师领导的探险项目)。从这些活动中,学生们懂得了承担责任和尊重他人,学会了质疑,提升了移情能力,建立了终生的友情,并且获得与他人进行全球合作的机会。

霍奇基斯中学十分注重与世界范围内的其他学校开展合作,尤其是与中国学校的交往颇多。早在 1912 年,就有中国学生前往该校学习,历史上有四分之一的美国驻华大使曾在该校接受教育。进入新世纪以来,该校成为中国汉办(Confucius Institute Headquarters International Division, *Hanban*)的合作机构,开设孔子课程,在教授中文课的同时宣传中国文化。此外,学校还是国际性学校组织圆形广场学校联盟(The Round Square Conference of Schools)以及全球教育标准组织②(Global Education Benchmark Group)的成员。在建立全球教育联系的基础上,学校成立了全球理解与独立学习中心(Center for Global Understanding and Independent Thinking),该中心旨在为教师和学生提供一个讨论全球问题与激发独立思维的环境,师生在该中心可以自由讨论、和谐相处。自中心成立以后,其监管和统辖着学校所有的全球教育计划和国际教育项目,包括负责该校与其他学校进行学生交流的国际项目办公室、为毕业生提供海外服务和学习体验的学年计划(The Gap Year Program)以及让学生关注国外语言和文化学习的海外学习项目。所谓"读万卷书,行万里路",这些海外学习项目

---

① 这些国家包括非洲的加纳(特马),亚洲的日本(横滨)和中国(北京),欧洲的法国(格勒诺布尔)、英国(斯特拉特福德)、德国(哥廷根)、意大利(罗马)、爱尔兰(Ballytobin)、俄罗斯(圣彼得堡),北美洲的巴哈马,以及南美洲的厄瓜多尔(昆卡)等。

② 该机构成立于 2008 年,其目的在于收集数据对教育效果和实践进行评估,进而制定校内和校外全球教育的全国性标准。由于其成员都是美国独立学校,该机构也被称为"美国高中名校联盟"。

是学生获取知识、认识自我、认识他人以及认识世界的重要途径。

全球教育计划是艾玛威拉德女中的特色教育项目。在艾玛威拉德女中,学生们都具有这样的世界观——每个人都有能力改变世界。通过全球教育计划,该校学生了解当前全球面临的问题与挑战,并努力为自己及全世界的人创造更好的未来。该项目主要分为出发计划(Away Programs)、圆形广场屋(Round Square House)、艾玛交换计划(Emma Exchanges)以及服务学习(Service Learning)项目。值得一提的是其中的艾玛交换计划,作为圆形广场网络(Round Square Network)的一员,艾玛交换项目是艾玛威拉德女中与世界范围内其他成员学校的合作项目。目前,学校正在与越来越多的优秀学校开展交流合作项目。借助交换项目,学生有机会到具有不同文化的其他国家的学校学习,从而开阔学生的国际视野。目前,艾玛女中的合作学校包括澳大利亚布里斯班市的圣玛格丽特学校、南非哈密顿市的圣安妮学校、德国波恩市的乌尔苏拉学院、阿根廷布宜诺斯艾利斯市的贝尔格拉诺走读学校、英国布里斯托尔的瑞得梅德学校以及约旦马代巴的国王学院。

(六) 优秀的教师队伍

优秀的教师力量是私立精英高中取得卓越成就的又一重要因素。这些学校教师的学历水平普遍较高,一般来说,具有硕士及以上学历的教师占到全体教师的 60% 以上,有些学校硕士学历以上的教师比例高达 80%,如 2016—2017 学年,乔特罗斯玛丽中学具有硕士以上学历教师的比例为 67%,劳伦斯维尔中学为 78%,霍奇基斯中学和安多佛菲利普斯学院的比例分别高达 84% 和 81%。

私立精英高中的教师中有相当一部分都具有在私立精英高中读书的经历。这些教师的本科专业大多是文科或科学学科,如数学、英语、历史、语言等,深厚的学科理论积淀使得他们的教育游刃有余。同时,私立学校比较重视教师的自主性,由于其免受联邦或各州教育政策对课程内容和学生学业成绩的要求,教师们可以自由地设计自己的课程,并按照个人意愿进行教学。此外,寄宿制的办学模式使得师生都借宿在学校,整所学校像个"大家庭"一样,再加上学校管理者对教师的限制较小,教师在其中任教更有归属感,会更关心自己的教学质量和学生的学习质量。

在教学方法方面,私立精英高中主要采用研讨会的教学形式,运用所谓的哈克尼斯教学法。这一教学方法由菲利普斯埃克斯特学院的教师爱德华·哈克尼斯(Edward Harkness)于20世纪20年代提出,并最早在该学校进行实施。上课时,学生围着一个大的椭圆形桌子(这种桌子也被称为哈克尼斯桌子)进行讨论,教师不时地进行指导。该教学法以学生自主学习和讨论为主,教师教授为辅。教师对学生的期望较高,不仅仅是让学生学到了什么(知识),而是期望学生独立地进行思考(学习能力)。同时,小班化教学能够保证每个学生都有在课堂上充分表达自己观点的机会,也能确保教师关注到每个学生。超过90%的学生都认为教师对学生很重视,并且满怀着热情和感激进行教学。[1]

四、成就和影响

是优秀的学生成就了学校的伟大,还是精英的学校培养出卓越的学生? 这是所有精英高中研究者想要回答却又不容易回答的问题。然而,不可否认的是私立精英高中的学生确实优秀,而从私立精英高中走出的社会精英不胜枚举。

私立精英高中招收了一批批追求卓越的学生。首先,私立精英高中的大部分学生都来自上层阶级或富裕家庭,本身就是含着金钥匙出生的孩子,而能够通过学校招生过程中的严格选拔,也证实了他们具有较高的学习能力和学业成就。有数据表明,私立精英高中录取的学生在高中入学考试(Secondary School Admission Test, SSAT)中的成绩平均在1 800分以上,位于所有学生成绩排名的前20%,94%—100%的毕业生申请四年制大学并被录取。[2] 其次,这些学生普遍具有追求学术卓越的抱负、强烈的学习动机以及良好的自我认知。大多数学生都在为成为有道德的服务社会的领导者与社会贡献者而努力,且在创造

---

① Peter W. Cookson, Jr. & Caroline Hodges Persell. (1985). *Preparing for power*: *America's elite boarding schools*. New York: Basic Books, 95.

② Ruben Gaztambide-Fernandez. (2009). What is an elite boarding school. *Review of Educational Research*, 79(3), 1090-1128.

力、领导力以及社交能力等方面具有卓越的表现。因此,私立精英高中学生的同质化程度比一般的公立高中要高,而学生群体的同质性又进一步激发了学生之间的竞争意识和进取精神。

在"学生成就学校"的同时,作为教育机构,私立精英高中对特权阶级利益的维护使得其学生较之普通公立高中学生具有巨大的优势,最直接的表现就是升学方面。一直以来,私立精英高中都是常青藤大学招生的主要来源,学校所具有的优越的硬件设施及课程资源为学生提供了良好的学习氛围和丰富的学习经历,成为学生申请大学的重要优势之一。同时,学校不同的系所为拥有不同学习兴趣的学生提供了发挥个人特长的机会,特别是学校社团活动锻炼了学生的领导能力和组织能力,这也就解释了为什么私立精英高中培养出大量政界和商界的领袖。

事实上,纵观美国家喻户晓的社会精英,大都出身于私立精英高中。一直以来,私立精英高中都是美国总统的"摇篮",如罗斯福总统毕业于格罗顿中学,约翰·肯尼迪总统的母校是乔特罗斯玛丽中学,老布什和小布什总统都毕业于安多佛菲利普斯学院。同时,一些商业领袖也都曾在私立精英高中读书,在精英高中的宝贵学习经历奠定了其人生发展的根基。如比尔·盖茨毕业于华盛顿西雅图市的湖滨学校(Lakeside School),正是在这所学校里,盖茨首次接触到了计算机,培养了对计算机的兴趣,进而一步步建造了他的"微软帝国"。2000年,盖茨及其夫人共同成立了"比尔及梅琳达·盖茨基金",为推动美国乃至全球卫生及教育领域的发展作出了卓越贡献。而今,私立精英高中依然秉承着培养社会精英的使命,教育着一代代学生,为当前以及未来国家和社会的发展作出贡献。

第四章　精英高中的政策导向、组织架构与行政管理

在前面三章中,我们分别介绍了公立特殊高中、州长学校和私立精英高中的概况,力求让读者对当前美国精英高中的发展有大致的了解。从本章开始,我们将从不同方面着手,深入探讨精英高中成功的一些关键性因素。本章的重点是详述精英高中在组织架构与行政管理方面的独特性和教育创新,这些创新是保障学校可持续发展与实现发展目标的关键;同时也将揭示美国精英高中精英教育理念得以实现的社会建制问题与政治、经济等问题。

一、远见卓识的领导

"一个好校长能够成就一所好学校。"卓越的领导力量是学校健康发展的舵手,能够指明学校前进的方向。事实上,回顾美国精英高中的兴起与发展,这些学校之所以能取得傲人的成就,州长、学校理事会、校长等领导者功不可没,他们的远见卓识在推动学校发展的过程中发挥了重要作用。

美国私立精英高中的发展就得益于学校创建者及继任者的英明决策。起初,私立精英高中的校领导们以建设类似于英国公学的学校、培养社会精英为目的,来设计学校的课程与教学。他们将学生的品德与人格发展置于重要地位,重视人文经典的传承与教育,以培养学生成为正直、友善、有责任心和领导力的人。随着时代的不断发展,这些私立精英高中也能与时俱进,开设大量信息技术课程,并购置先进的教育教学设施,为学生接触前沿科技提供保障。特别是随着全球化进程的加剧,学校理事会和校长认识到,在新时代下,国家和社

会的发展需要具有全球化视野、能够开展跨文化合作的国际型人才。学校招收大量国际学生,开设外国文化课程,重视与其他国家的学校合作开展国际理解教育,鼓励学生探索其他不同文化,组织学生前往其他国家进行学习或实地考察等等,开拓了学生的全球化视野并丰富了其国际化教育体验。美国私立精英高中的代表——菲利普斯埃克斯特学院、霍奇基斯中学、艾玛威拉德女中等,无一例外都开设有全球教育项目或计划。不得不说,这些教育项目或计划的实施得益于学校董事会和校长的全球化视野以及与时俱进的教育理念。

在公立教育系统内,州长学校的创建也起源于领导者的前瞻性决策。北卡罗来纳州第一所州长学校——北卡罗来纳数理高中就是鲜明的例子。北卡罗来纳数理高中成立于1980年,时任州长的詹姆斯·亨特与当时的杜克大学校长特里·桑福德、学者约翰·埃勒共同提出成立倡议。他们主要基于三个考虑:一是一个州的经济繁荣越来越有赖于技术产品和服务产业的发展。为了使北卡罗来纳州在发展过程中保持竞争优势,需要加强高中阶段的理科教育。二是提升理科资优生的教育。无论理科资优生当前所接受的教育能否为他们提供较为适合的教育机会,注重数学和科学学科发展的州长学校一定能够为他们提供更好的教育。三是希望通过理科州长学校的教育经验,进一步开发新的教材、教学方法与教师培训项目,进而惠及北卡罗来纳州所有的学校。[①] 北卡罗来纳数理高中的教学项目充分利用了其寄宿制的学习环境,训练有素、认真负责的教职工队伍,以及朝气蓬勃、天资卓越的学生群体,给每位学生提供了独特的学习体验。学校的理念就是确保每个学生在科学、数学、语言艺术、历史和外语方面打下坚实的基础,让每个学生都能熟练地使用计算机、实验室设备,并且让他们能够深入地学习自己感兴趣的课程,在导师的协助下参与众多的研究课程、独立研究和研讨会等等。北卡罗来纳州教育部与学校还成立了北卡罗来纳数理高中基金会,负责接收并管理用于北卡罗来纳数理高中发展的相关教育投资。成立30余年来,在学校董事会的领导和关怀下,该基金会一直履行着它的

---

① Eilber, C. R. (1987). The North Carolina School of Science and Mathematics. *The Phi Delta Kappan*, 86(10), 773–777.

使命，支持学校的运作和教育教学项目的开展，进而推动整个北卡州教育系统的发展。

伊利诺伊数理学院的创建是又一例证。成立伊利诺伊数理学院的构想来自于诺贝尔物理学奖获得者、费米国家实验室前主任利昂·莱德曼。在1982年的一次演讲中，莱德曼构想了一所能够为科学、技术、工程、数学（STEM）领域输送人才的高中。伊利诺伊数理学院的第一任校长斯蒂芬妮·马歇尔就是当时的听众之一。在听完演讲后马歇尔大受启发，下决心要将这一构想变成现实，要在伊利诺伊州建立一所像北卡罗来纳数理高中那样的由州政府赞助支持的寄宿制高中。卸任后，马歇尔曾谈到当初建立这样一所高中的初衷。她说道，"这样的高中培养了具有截然不同思维的学生，与21世纪对人才的知识性、创新力、德行、智性的要求不谋而合"。

可以说，领导者的深谋远虑激发他们提出创建和发展精英高中的想法，而良好的沟通能力与执行力是精英高中得以建成并不断发展的保障。在以重视民主和平等著称的美国，教育公平的倡导者们对受公共教育资金支持的、追求教育卓越的州长学校及特殊高中一直抱有抵触的态度，社会舆论也纷纷指责这些精英高中具有精英化取向。然而，学校的领导们以其高瞻远瞩的教育理念，秉持着"对教育公平的追求不能牺牲教育卓越"的观点，运用其卓越的沟通能力游说政府部门及各类基金会，为精英高中的发展争取政策空间和资金支持。

肯塔基盖登数理学院的落成可谓步履维艰，历经10年之久的持续努力才最终建立并招生。在这一过程中，倡议者们的远见卓识和超凡的沟通能力都可见一斑。此外，倡议者们超凡的沟通能力和持之以恒的精神也是盖登数理学院得以落成的重要砝码。从一开始与西肯塔基大学的校长以及众议院议长乔迪·理查德（Jody Richards）的沟通协调，到努力赢得社会各界人士（其中包含了法律界、教育界的重要人物）的支持，再到获得各种商业机构、社会团体的支持和赞助，倡议者们付出了很多的努力。

案例：盖登数理学院作为州长学校的筹建过程[①]

盖登数理学院从最初设想到最后落地历时长达十年之久，其中有不少经历是值得我们学习和借鉴的。和一般学校不同，州长学校是州政府的重要教育投资项目，需要有足够的说服力才能说服上层，而为了说服上层，还需要说服纳税人。这样州长和议员才愿意作这个投资。

领导和倡导。 在制订了周详的计划书后，学校筹委会选择了西肯塔基大学英才学生研究中心的主任茱莉亚·罗伯茨(Julia Roberts)，由她来负责协调各个组织机构尤其是能够影响最终决策的机构或个人对该计划的支持，涉及学校财政支持、校址选择等多个方面。计划制订出来之后，就要着力分析其市场需求因素，比如说潜在支持对象、哪些方面具有吸引力、哪些方面会影响支持等。对盖登数理学院来说，这些因素与当时肯塔基州的经济和教育环境有着密不可分的关系。有统计数字表明，在2002年，肯塔基州在全美50个州的科学家和工程师人数排名方面非常尴尬，位列第47名。有鉴于此，盖登数理学院抓住契机主动倡议在全州范围内提供一个为期两年的学习深层知识和参与科研的机会，州内所有在数学和科技方面拔尖的学生均有机会参加。2007年，肯塔基州在专利申请方面排名43名，在创业活动方面排名42名。这些直观的刺激因素引起了人们深刻的反思，从而为盖登数理学院的建立创造了客观上的条件。

政府支持。 获得重要人物的支持、认可，积极争取那些对计划审批有决定权的人物的支持是十分重要的。就盖登数理学院来说，获得众议院、参议院、州长以及政府行政部门主要人物的支持至关重要。盖登数理学院争取到了两个关键人物的支持，一位是西肯塔基大学的校长加里·兰斯德尔(Gary Ransdell)博士，一位是众议院议长乔迪·理查德。由于盖登数理学

[①] 案例描述依据下面两篇文章：Roberts, J. L. (2013). The Gatton Academy：a case study of a sate residential high school with a focus on mathematics and science. *Gifted Child Today*, 36(3), 193 - 200. Roberts, J. L. (2010). Lessons learned：advocating for a specialized school of mathematics and science. *Roeper Review*, 32(1), 42 - 47.

院要模仿德克萨斯数理学院的办学方式,因此他们就邀请了很多要员赴德州参观考察。值得一提的是,因为盖登数理学院要建立在大学的校园里,并且学院的学生还要学习大学的课程,因此获得大学内部决策人员的支持也是非常重要的。这次的德州之行非常成功,考察组的所有人员一致同意在肯塔基州创办一所类似的学院。考察组里一位来自西肯塔基大学的领导甚至激动地说:"如果和这些孩子们一起工作的话,我愿意再当一次校长。"州议员弗莱彻(Fletcher)先生在他的声明文件中说道:"我相信提议建设的盖登数理学院会对肯塔基州未来的经济繁荣起着非常重要的作用。"

社会和机构支持。 一位律师朋友在参加完倡议建立盖登数理学院的宣讲之后主动提出帮忙。他帮忙设计了学院的第一版宣传册。另外,学校得到肯塔基英才教育协会(KAGE)的热情支持,他们积极宣传盖登数理学院对肯塔基州的潜在影响。在和各界教育人士、主管、校长、教育顾问等的沟通交流中,筹委会让越来越多的人了解到创办这样一所学院的必要性以及重要性。在这一过程中,一些专家、社会名流加入了支持行列。比如第一位成为美国国家宇航员和四架航天飞机指挥官的肯塔基人特里·威尔卡特(Terry Wilcutt)上校就成为了盖登数理学院的代言人,他的倡议言论产生了非同凡响的效果。盖登数理学院的筹建还获得了商业机构、社团、教育组织等各种机构的支持。比如,有一个叫"连接肯塔基"(Connect Kentucky)的组织,专门致力于在州内各个县市建立科技网络。这个组织的执行总裁在与盖登数理学院的倡议人会晤后在其报纸上发表了一篇文章,并利用其本身的影响力在全州内发行。除此之外,英才研究中心顾问委员会在盖登数理学院的建立过程中提供了重要咨询,为盖登数理学院最终的建成起到了关键的作用。坚持不懈的努力,使盖登数理学院终于成为现实。

从州长学校的案例中,我们无疑可以获得许多思考。盖登数理学院的成立并非一日之功,也并非一人之力。其背后是许多人的共同努力,大学校长、州长、议员都贡献出了自己的力量。同时,美国各州和地方自治的教育体制是这些倡议者们充分发挥个人领导力的重要保障。美国教育体制的灵活使得几位议员、州长和大学校长就可以推动一个教育计划的实施并得到州财政拨款。此外,社会力量参与学校办学也是美国教育发展的重要经验。作为新兴事物的州长学校,民间资金的支持是其成立与发展的重要资金来源,学校基金会的正常运作体现了社会力量对教育发展的巨大贡献。美国社会资金对教育的支持,使得教育真正成为一项社会事业,每个人(政府、高校、企业、家长、校友)都在其中承担起必要的责任。

二、灵活民主的管理

精英高中的发展并非完全依赖于学校董事会或校长的"一己之力",更多地还是取决于学校内外部的民主管理和良性发展。美国宪法第十修正案规定:未授予合众国,也未授予各州行使的权利,一律由各州保留。基于美国教育分权的体制特点,教育事务主要是由各州教育部或地方教育局负责,如学校的管理和评价、教师的聘任等。与公立学校不同,自筹教育经费的私立学校有着更大的办学自由度,不必受各州教育部规章制度的束缚,私立精英高中就是如此。此外,与普通公立高中不同的是,集全州之力创办的州长学校,也享有着较大的自主权。不管是在办学方面自成体系的私立精英高中,还是"身份上"仍然隶属于本地教育部门的公立选拔性特殊高中,灵活民主的管理架构给予这些学校更多的发展空间和自由。三类精英高中呈现出不同的民主管理特点。

(一)"游离于政策之外"的私立精英高中

一直以来,私立精英高中因为不必受联邦和各州教育政策与法律的约束而独树一帜。然而,部分州的立法机构规定非公立学校也需实施强制性的标准,而这些对非公立学校的管制又有所不同。如有个别州要求私立学校需具备官方认可,或者是将私立学校纳入州教育部的监督和评估,但这只是个别州的举措罢了。总体而言,影响私立学校的最普遍的管制是"同等性"教育原则,即私立学校的教学应该与公立学校的教学相同,学科设置也应与公立学校相同,同时，保障所有学生都有申请进入非公立学校就读的权利。①

自 20 世纪 90 年代以来，标准化运动成为影响并推动美国学校教育发展的"重磅炸弹"，特别是《不让一个孩子掉队法案》(No Child Left Behind，2001)颁布以后，达到政策要求的课程及学业标准成为普通公立高中努力的方向。由于可以"逃离"标准化文化，私立精英高中有更多的自主权来建设自己的课程体系、管理制度和文化，反过来，这种自主的管理制度又为学生提供了自由宽松的学习环境。

具体而言，私立精英高中一般由理事会、校长和教职工共同承担学校的管理职责。其中，理事会在制定学校发展战略与目标、编制财政预算、监督学校的运营、任命校长以及改革学校等方面具有法律效力和责任。在决策过程中，理事会不必考虑联邦及州政策的约束，而是从学校的使命、学生及学生父母的教育利益和诉求出发，规划学校的发展。然而，理事会很少影响学校的日常决策。由理事会任命的学校校长，主要负责学校的日常运营工作。教职工协助校长进行管理工作，特别是要负责学生在课堂内外的生活问题。理事会、校长、教职工各有特定的职责，在行使职权的过程中享有着一定的管理空间，他们在沟通合作的基础上，共同推动学校的发展。

私立精英高中享受的管理自由度还体现在教师的任用与解聘方面。由于私立精英高中的"私立"办学性质，学校理事会及其任命的校长在教师招聘方面享有绝对的自主权。相比之下，作为公立学校的特殊高中大都归各州或各市的教育部门管辖，其教师聘任也主要由各市教育部门统一负责。至于州长学校，有的隶属于高校系统，由州教育部与合作大学共同负责，其师资也完全来自于依托大学；有的办学则相对独立，可以自主招聘教师。

此外，私立精英高中也更注重让教师、学生参与到学校管理之中。霍奇基斯中学的生师委员会(Student-Faculty Council)是由学生主要负责的管理组织，该委员会由学校主席、各班班长(每个班级有两名班长)、每个宿舍选举的学生代表以及 5 名

---

① Kraushaar, O. F. (1972). *American nonpublic schools：patterns of diversity*. Baltimore and London：The John Hopkins University Press, 316.

教师组成。该委员会主要解决教师和学生的问题,负责为教职工提供一些建议,这些建议不仅帮助解决教师所面临的学生问题,也帮助解决一些教师福利问题。

(二)"漏州政策之网"的州长学校

虽然名义上属于公立学校,且办学资金主要来自州财政,但州长学校并不必然受制于州教育部的管辖,也不必受州教育部各种规章制度的约束,可谓是"漏州政策之网"的"鱼"。根据不同的办学模式,州长学校可以划分为两类:一类是"校中校",这些州长学校坐落在大学校园中,隶属于所在大学,管理也多由所在大学负责,其借用大学的校园和公共教育设施,甚至教师也都是所在大学的教授。这类学校缘起于高中大学"无缝衔接"的教育体制设想。另一类是独立学校,学校有单独的校舍或是寄居在大学校园内,但这些学校拥有自治管理的权利,学校一般设有理事会,大小事务的管理通常由理事会负责,课程开设以及教职工的聘用不必受州教育部或大学的监督。需要说明的是,州长学校的理事会与私立精英高中的理事会有所不同,私立精英高中的理事会成员由理事会内部任命产生,而州长学校的理事会则主要由州教育部任命。可以说,两类建制不同的州长学校都有着较为灵活的管理体制。

州长学校的教学计划也不必遵循州教育部的统一规划。比如,伊利诺伊数理学院的教学计划就没有遵循伊利诺伊州 K - 12 阶段的教育标准,而是有着本校独特的标准——"深层次学习标准"(Standards of Significant Learning, SSL)。该标准是伊利诺伊数理学院对毕业生期许的一种延伸,表达了该校培养学生综合思维能力和探究能力的取向。学校的每个系都在该标准的指导下制定出适合本系的独特的课程标准。与此同时,制订方案来评估学生是否掌握了该标准也是该校的战略计划内容之一。这在一般学校包括一般特殊高中都是无法实现的。

除了学校管理和教学不直接受州教育部约束之外,州长学校在教师招聘政策方面也享有一定的自由度。比如,同样作为公立高中的州长学校,其对教师是否具备教师资格证书的要求比较灵活,在招聘时并不要求应聘教师必须具备教师资格证书,而是看重教师是否具有特定领域的高级知识、专长和技能。相比于"死板"的教师资格证书,它们更青睐"鲜活"的实践经验。如纽约市的科技高中会招聘有十多年硅谷工作经验但未必具有教师资格证书的技术人员来讲授工程技术课程。

案例:伊利诺伊数理学院的理事会

伊利诺伊数理学院主要由 17 人组成的理事会管理,其中包括 13 名任命的有投票权的理事以及 4 名没有投票权的职务理事。学校政策规定,13 名任命理事包括 3 名由州长任命的伊利诺伊州科学界代表;3 名由州长任命的私立工业部门的代表;最多 2 名由州长任命的群众代表;2 名高等教育领域的代表,其中一人必须是由该州高等教育委员会执行委员长任命的教育部部长;3 名中等教育的代表,其中一人必须是州教育督查任命的数学或科学教师。而其他 4 名没有投票权的职务理事分别是州教育督学、州社区大学委员会常务理事、高等教育委员会常务理事以及所在学区的学校督学。理事会主要关注学校的战略目标与政策制定,而不关注学校的日常运作。理事会选举的校长是学校的首席执行官,同时也是理事会的首席行政官,负责理事会所有行政职能。除了学校政策以及理事会政策所规定的职责外,理事会成员还在其他方面支持学校的发展。例如,作为学校特殊活动的特邀发言人、学校战略规划小组成员、特殊问题的专家、学校形象大使以及学校教育改进基金会的捐赠人等等。这些理事会成员每年大约聚会 6 次,商讨学校的发展。①

(三) 实行民主治校的特殊高中

特殊高中不设理事会,而是由以校长为首的管理者团队负责学校的各项事务。与私立精英高中及州长学校享受"不受州教育部约束"的政策福利不同,特

---

① https://www.imsa.edu/discover/board.

殊高中在学校发展方面需要"听命"于州教育部或地区教育局。对于特殊高中而言,较少自主权是它们发展的短板。但尊崇民主的传统使得校长能够动用各方面资源,重视吸纳教师、学生和管理者参与到学校管理之中,实行民主治校。

布朗克斯科学高中是纽约市乃至全美闻名的公立精英高中,该校十分重视在学校管理层与教师之间建立良好的协作关系。学校设有若干助理校长,他们分别是各个学科(系)的主管教师,进而成为校长和教师的桥梁。这些助理校长之间也形成一个领导集体,经常互动和讨论问题,制订学校管理以及学科改进方案。

学校领导小组(School Leadership Team, SLT)的成立是该校民主决策的体现。SLT 是由学校管理者、教师、学生和家长组成的顾问委员会,SLT 的成立由纽约州授权,其经营管理主要来自教育部的财政拨款。SLT 的主要职责是制定学校的综合教育规划,同时,针对成员提出的各种实质性问题进行讨论和决策。SLT 成员每月会面一次,讨论学校范围内的各项政策。此外,学生组织(Student Organization, S. O.)也是学校实行民主管理的产物。S. O. 为学生提供了表达自己观点,并影响学校管理决策的平台。学生事务协调员与 S. O. 主席、副主席以及秘书共同组成 S. O. 的领导层。需要指出的是,S. O. 还像模像样地组建了"内阁"(Cabinet)、"参议院"(The Senate)和"顾问委员会"(Advisory Board)。其中,内阁是主要的学生管理团队,由 S. O. 的主席、副主席、秘书以及十几名学生组成,学生事务协调员负责向内阁提出发展建议。组成内阁的 19 名学生每天会面,商讨学校的问题,为学校各类活动的开办提出规划。参议院则由 S. O. 的主席、副主席和众多参议员组成。每个班级选举产生一名参议员,每月出席参议院会议,其职责在于提出学校发展建议,向各班告知学校的大小事件,并将班级或学校中的问题汇报参议院。而顾问委员会由 S. O. 的副主席领导,并由学校管理者、家长、教师以及每个年级的学生领袖组成。委员会的职责在于向校长提出所有关于学生生活及学校事务的发展建议,每月定期在校长办公室开会,学校中的任何一员都可以参加。[①]

---

① http://bxscience. edu/apps/pages/index. jsp? uREC_ID=77762&type=d&termREC_ID=&pREC_ID=277598.

纽约市的另外一所公立精英学校史岱文森高中与布朗克斯科学高中的决策机制相似。该校同样成立了学校领导小组(SLT)。近年来,史岱文森 SLT 在道德、研究技术、家庭作业政策、性骚扰、减轻学生压力以及吸烟等问题上提出了重要建议。同时,对引入英语作文课程、增加选修课程和制定开放学校周政策以促进家长对课堂教学的观察方面发挥了重要作用。SLT 成为影响学校生活的重要论坛。2013—2014 学年,SLT 的成员包括校长和 1 名副校长、5 名教职工、3 名学生以及 11 位学生家长。

有研究表明,当个人感觉在身处的群体或组织中没有影响力时,其不太可能会喜欢这个组织,忠诚度更低,在缺乏监督的情况下不会自愿满足组织的要求,甚至会抵触这些要求,通常会表现高频率的破坏性或挑衅性行为。① 特殊高中实施民主治校,重视让学校所有利益相关者共同参与学校的决策过程。不管是教师、学生,还是学生家长,都能针对学校的各项事务发表自己的看法与意见。当教师、学生时时处处感受到自己的声音会被倾听、自己的意见会受到尊重、自己的想法会得到肯定时,他们会更加热爱学校这个大集体,也会更遵从学校的各项管理措施,使学校得到更加良好的发展。应该说,民主治校调动了各方力量的积极性,共同为学校的发展出谋划策。同时,民主治校也起到了"去行政化"的效果,有效地避免了学校官僚主义、形式主义的盛行,事实上,官僚主义只会导致唯上级是从,唯规章是命,使学校失去教育探索和改革的锐气。

三、讨论和小结

本章主要讨论了三类美国精英高中的不同管理架构,不难发现三者也有一定的共性,即管理体制方面的灵活与自由,学校不必完全受制于上级主管部门的领导。这样的组织架构有效地避免了行政化和官僚化所带来的制约,使学校

① Baird, L. L. (1977). *The elite schools: a profile of prestigious independent schools.* Lexington, MA: Lexington Books, 71.

获得更多的自主权去设计符合自己学校特点、有利于实现自己学校使命的课程和教学。尤其是私立精英高中和州长学校，在教师招聘上获得了较大的自主权。

第五章　学校的招生选拔

　　是优秀的学生成就了学校的伟大,还是精英的学校培养出卓越的学生? 这是一个难解的鸡生蛋还是蛋生鸡的问题。不可否认的是,美国精英高中在招生时采取严格的选拔标准,力求招收最优秀的学生,从"入口"和"起点"方面严把质量关。为了使国内有意向到美国精英高中求学的学生及其家长、教师以及相关学者更明确地了解这些学校的招生情况,本章将针对三类精英高中,逐一介绍它们的招生对象、招生标准与选拔过程。

一、私立精英高中

(一) 招生对象

　　与一般的公立高中实行"就近入学"不同,美国的私立精英高中面向全国进行招生,即全美所有学生都有机会申请进入私立精英高中就读。随着教育全球化的发展,这些精英高中普遍实施国际化发展战略,积极面向世界各国招生。近年来,美国经济发展的不景气,给本国教育市场带来一定的冲击,私立精英高中的生源也受到影响。随着中国基础教育质量越来越受到世界各国的认可,许多私立精英高中十分看重中国的生源。其中,作为美国私立高中"十校联盟"成员的霍奇基斯中学,每年都会"组团"来中国进行招生宣传,包括北京、上海、深圳等地。

　　然而,并不是所有学生都有经济实力申请私立学校的。私立学校收费昂贵的特点,对申请者提出了经济方面的要求。前文提到,学生学费是私立精英高中办学经费的主要来源。2008 年,美国私立精英高中的学杂费平均为 41 744 美元[1],其中,寄宿生的收费高于走读生。以安多佛菲利普斯学院为例,2015 年该校寄宿生的学费为 50 300 美元,走读生学费为 39 100 美元。[2] 单学费这一项就决定了就读于这些学校的学生绝大多数来自美国上层阶级或具有较高经济收入的家庭,这体现了私立精英高中招生对象的局限性。2008 年,美国共有 16 043 名学生就读于精英寄宿高中,这一数量仅占全国 1 600 万中学生的 0.1%。总之,私立精英高中的学生在入学前早已是同龄人中的"精英"了。

正是因为私立精英高中招生对象的局限性,这些学校又被称为贵族学校。值得一提的是,近年来,由于私立精英高中普遍重视本校的多样化发展,在招生过程中也注重学生背景的多样化。为了吸引那些家庭贫困但品学兼优的学生,学校设置了大量奖学金,30%[3]的学生能够接受不同程度的经济资助。

(二) 招生标准

私立精英高中收费昂贵,但这并不意味着其招收的仅仅是"有钱人家的孩子"。事实上,这些学校最看重的还是学生的综合素质与能力,其招生标准也具有一定的选拔性。

私立精英高中的入学申请者首先需要准备大量的申请材料,包括教师推荐信(一般不少于三份)、学业成绩单(近两年)等证明其学习能力与综合素质的材料。其次,也是最重要的,入学申请者需要提交高中入学考试[4](Secondary School Admission Test, SSAT)成绩单。SSAT 考试是由美国高中入学考试委

---

① Gaztambide-Fernandez, R. (2009). *The best of the best: becoming elite at an American boarding school*. Cambridge, MA: Harvard University Press.

② http://www.andover.edu/About/Pages/FastFacts.aspx.

③ Ruben Gaztambide- Fernandez. (2009). What is an elite boarding school? *Review of Educational Research*, 79(3): 1090 - 1128.

④ SSAT 的适用对象是 3—11 岁学生,该测试分为 3 个水平:初级水平测试适用于申请进入 4—5 年级学习的 3 年级和 4 年级学生;中等水平测试适用于申请进入 6—8 年级的 5—7 年级学生;高等水平测试则适用于申请进入 9—12 年级的 8—11 年级学生。SSAT 考试由写作、数学、阅读理解和语言方面的选择题组成。

员会(Secondary School Admission Test Board，SSATB)组织的用于考查学生学业能力的标准化测试，类似于测试大学申请者学业水平的SAT考试(Scholastic Aptitude Test)。当前，SSAT考试中心开发了"在线标准化申请"(Standard Application Online，SAO)系统，美国几千所私立高中(包括私立精英高中在内)都在使用该招生系统[①]。有研究表明，考入私立精英高中学生的SSAT考试成绩平均在1 800分以上，也就是说只有SSAT成绩排名在前20%的学生才有可能被录取[②]。

在准备好证明材料和SSAT成绩单后，学生可以在学校官网填写入学申请并缴纳申请费。接下来，学生和家长就可以等待学校的面试通知了。私立精英高中十分重视学生面试环节，学校设有专门的招生委员会，在审核学生各项信息的基础上，组织专门的面试。此外，一些学校还会参考其他信息对学生进行考核，如学生的智力测试结果、写作能力以及对升学的渴望程度等。

二、州长学校

(一) 招生对象

州长学校是美国公立教育的一颗明珠，以教育质量卓越而闻名全球(本书第二章已作系统介绍)。尽管每所学校的招生人数各异，学校教育重心和学制结构也有所不同，但其目的都在于为在智力和艺术方面有天赋的高中学生提供其在普通学校中感受不到的有挑战性的、丰富的教育经历[③]，因而，州长学校具有极高的选拔性。

州长学校的办学经费来自本州财政收入，其"州立"的性质决定了州长学校

---

① The Standard Application Online. http://www. ssat. org/admission/the-sao.
② Gaztambide-Fernandez, R. (2009). What is an elite boarding school? *Review of Educational Research*,79(3),1090 - 1128.
③ McHugh, Marcianne W. (2006). Governor's school: fostering the social and emotional well-being of gifted and talented students. *Journal of Secondary Gifted Education*, 17(3), 178 - 186.

的招生对象覆盖全州范围内的学生。只要是本州居民,学生都可以报考本州的州长学校。同时,由于它们是由政府公共资金支持的公立学校,学生并不需要缴纳任何学费,有些实行寄宿制的州长学校甚至会减免食宿费。

然而,佐治亚高级学院是个例外。佐治亚高级学院(提供 11—12 年级教学)是与西佐治亚大学合办的提前升学项目,其学生直接选修西佐治亚大学的课程并同时获得大学和高中学分。学校不仅招收本州学生,也招收美国其他州的学生和国际学生,所有学生都需缴纳学费,但来自本州的学生可以获得奖学金(涵盖了 15 个学分的学费、杂费和书本费),来自其他州的学生以及国际学生则没有获奖资格[1]。

(二) 招生标准

州长学校旨在招收全州范围内的资优生,且录取人数较少,因而,其招生具有极高的选择性。鉴于州长学校的州立性质,报考州长学校的学生一般需要满足本州居民身份这一先决条件。申请者需要提供证明其本州居民身份的相关材料,如父母的工作证明、家庭水电费单等。由于州长学校一般只提供 10—12 年级或 11—12 年级的教育,这就意味着申请者必须是 9 年级或 10 年级学生。有些学校(如伊利诺伊数理学院)规定,年龄更小的学生也可以申请,但必须具备同等学力,即已经选修过与高中数学、科学和英语难度水平相当的课程,包括至少一年的代数课程以及一年的高中程度的科学课程。

具体到招生选拔环节,州长学校十分看重学生的考试成绩,所有考生需要提供近一年参加 SAT 考试的成绩,一些学校还要求学生提供过去两年的平时学业成绩(Grade Points Average, GPA),旨在考察其学习能力与学业成就。美国现有 25 所寄宿制州长学校,其中包含 18 所 STEM 高中和 7 所人文艺术类高中。笔者在统计 18 所 STEM 州长学校的招生标准后发现,除一所学校招生信息不详之外,有 16 所学校把学生的 SAT/ACT 成绩作为主要招生标准,其中的

---

[1] Advanced Academy of Georgia: Future Students. http://www.advancedacademy.org/advancedacademy/295_561.php.

15 所学校还会参考学生的 GPA 成绩。另外 1 所高中则完全凭借本校入学考试录取学生。

除了学生的标准化考试成绩（SAT/ACT 等）及平时学业成绩外，一些州长学校还明确提出考生必须满足特定的课程学习条件，才能被纳入招生的考虑对象。如南卡罗来纳数理高中只提供 11—12 年级教育，其要求学生在入学前至少修完 10.5 个学分的课程，其中包括代数 I/II、英语 I/II、地理、一门社会研究课程和一门实验室科学课程，此外，还要求学生具备一定的情感和心理成熟度。① 盖登数理学院要求申请者的数学 ACT 成绩必须达到 22 分，或者是数学 SAT 成绩在 520 分以上。② 而马萨诸塞数理高中则会依据学生参加招生诊断测试（Admissions Diagnostic Test）的结果，判断学生能否进入申请程序。此外，教师的推荐信或评价表也是学校看重的申请条件。

根据笔者对 17 所 STEM 州长学校招生标准的统计（图 5-1），州长学校采取的招生标准包括：SAT/ACT 成绩（16）、高中成绩单（15）、教师推荐信或评价表（13）、学生的论文（5）、活动经历（5）、面试表现（4）、平时行为表现（4）与兴趣/动机（4）等，通过这些对学生进行综合考评。州长学校一般不划定最低的分数线，而是综合多重标准择优录取学生。以北卡罗来纳数理高中为例，学校通过查看学生 10 年级的 SAT 成绩、9 年级与 10 年级第一学期的成绩单、3 封来自教师或咨询师的评价信（至少有一封来自 9 或 10 年级的科学、数学或英语教师）等，对学生进行综合评价③。

相比之下，7 所人文艺术类州长学校对考生学业成绩的要求较低，除了德克萨斯领导力与人文高中之外，其他 6 所高中并没有要求学生提供 SAT/ACT 成

---

① South Carolina Governor's School for Science and Mathematics admission requirement. http://www. scgssm. org/admissions/residential-admissions.

② The Gatton Academy of Mathematics and Science admission. http://www. wku. edu/academy/admissions/index. php.

③ The North Carolina School of Science and Mathematics Academics Admissions. http://www. ncssm. edu/residential-program/academics/admissions7.

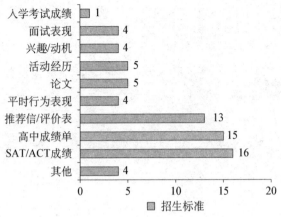

图 5-1　STEM 州长学校招生标准 (n = 17①)

绩。在要求考生达到一定的学业标准(如高中每门课程的成绩等级不得低于 B 或 C②)的基础上,其主要增加试镜环节,考察他们在艺术领域的天赋和才能。州长学校综合化的招生标准与其致力于培养学生成为全面发展的领军人物的目标相一致。

案例 1: STEM 州长学校之一伊利诺伊数理学院的入学申请材料

所有申请者在申请截止日期之前提交以下材料:

(1) 申请书,网络申请需缴纳申请费 75 美元,书面申请需缴纳申请费 100 美元,申请费一经缴纳不再退还。

(2) 来自当前学年或上一学年的数学、科学和英语教师的评价表。这些表格可在线提交作为网络申请的一部分内容,也可以从学校网站下载后

---

① 上文指出,美国共有 18 所 STEM 州长学校。由于笔者未查找到佐治亚高级学院的招生信息,故只统计了 17 所 STEM 高中的信息。数据来源于各所学校官方网站提供的招生信息。

② 人文类州长学校要求学生的 GPA 至少为 B,而艺术类州长学校的学业要求较低,只要求学生至少达到 C。

邮寄到招生办公室。

(3) 申请者目前就读学校校长或咨询师的评价表，可以在线提交作为网络申请的一部分内容，也可以从学校网站下载后邮寄到招生办公室。

(4) 当前学年第一学期以及过去两个学年的官方成绩单。申请没有最低分数要求。

(5) 申请者本年参加 SAT 考试的官方成绩单。申请没有最低分数要求。

案例 2: 艺术类州长学校之一密西西比高中的录取条件

(1) 密西西比州的居民。

(2) 当前是 10 年级学生并且在完成 10 年级学业时至少获得 10 个卡内基学分(Carnegie units)。

(3) 在视觉艺术、表演、文学或媒体艺术领域表现出艺术成就。

(4) 提交申请材料。

(5) 试镜并/或展示文件夹以备现场检查(受到邀请)。

(6) 完成现场面试(受到邀请)。

(7) GPA 达到 2.5。

(8) 录取委员会会根据学生的推荐信、学习经历、成绩单、GPA 以及学生的论文信息进行综合考虑，之后安排试镜。

三、特殊高中

(一) 招生对象

与州长学校面向全州范围内的学生招生相似，特殊高中主要面向所在城市的学生招生,如纽约市的特殊高中只招收纽约市的居民。相应地,报考学生需要提供证明其该市居民身份的材料,包括水、电、煤气的费用清单等。

(二) 招生标准

与州长学校相似,特殊高中同样以考试成绩作为唯一或主要的招生标准,包括专门的入学考试成绩、SAT/ACT成绩以及GPA等。在这里,纽约市的"特殊高中入学考试"(Specialized High Schools Admissions Test,SHSAT)值得作进一步说明。前文提及,纽约市有9所"特殊高中",包括史岱文森高中,布朗克斯科学高中,布鲁克林拉丁学校,布鲁克林科技高中,城市学院数学、科学与工程高中,雷曼学院美国研究高中,约克学院皇后区科学高中,史丹顿岛科技高中这8所学术性高中以及以艺术教育为特色的拉瓜迪亚艺术高中。早在1978年,纽约州就颁布了一项法律,规定升入纽约市特殊高中必须通过SHSAT。只是当时纽约市只有史岱文森高中、布朗克斯科学高中和布鲁克林科技高中3所特殊高中,随着特殊高中队伍的扩大,如今除了拉瓜迪亚艺术高中(其招生需要参照学生的艺术作品或表演试镜)之外的8所特殊高中,都完全依据考生参加SHSAT的成绩选拔学生。各个学校不设分数线,按照考试成绩排名先后录取学生。较之上文所提到的州长学校的招生标准,美国特殊高中的选拔更像中国的高考,以分数的高低排序作为招生依据,而州长学校更像美国的大学录取,采取综合测评的方法,即综合考虑学生的能力以及这些能力与学校要求的契合度。

SHSAT在每年11月份举行,所有在纽约市居住的8年级和9年级学生都可以报名参加。该考试主要是纸笔测试,分为语文和数学两部分,考试时间分别为75分钟。其中,语文测试有45道题,分为语言推理(5题)、逻辑推理(10题)、阅读理解(5道阅读题,每个阅读题有6道小题)。数学测试有50道题,包括文字题和计算题。[①] 学校根据报考学生的考试成绩和填写志愿顺序从高到低

---

① Specialized High School Admissions Test. http://schools. nyc. gov/Accountability/resources/ testing/SHSAT. htm.

择优录取。程序完全由计算机完成,工作机理类似于中国高校按高考分数和志愿录取学生。

除了纽约市的特殊高中外,波士顿市也有 3 所专门的"考试学校"(Exam School)①,而芝加哥市类似的特殊高中高达 11 所,统一称为"选拔性招生高中"(Selective Enrollment School)。与纽约市设置专门入学考试的做法相似,波士顿市也设置了"独立学校入学考试"。然而,不同的是,这 3 所"考试学校"将结合学生参加波士顿市"独立学校入学考试"的成绩以及 GPA 成绩进行招生选拔。同样,芝加哥市也专门设置了"选拔性招生高中入学考试",所有报考该市选拔性招生高中的学生必须参加该考试。芝加哥市的选拔性招生高中将结合考生的选拔性招生高中入学考试成绩,7 年级的阅读、数学、科学和社会研究等学科的 GPA 成绩,以及其在 7 年级参加 NWEA MAP② 的成绩作为录取依据。

除了这些典型的特殊高中外,其他学校也把学生的学业成绩(量化标准)作为最重要的录取标准。同时,很多学校还重视录取的质性标准,如学生的论文、教师推荐信等。由于申请这些学校的学生太多,学校面临的往往是如何选拔学生的问题,而不是是否选拔学生的问题。

四、公立特殊高中学生选拔的争议和改革

作为公立高中,州长学校和特殊高中以学业成绩为主要标准选拔学生的做法,在赢得大量优质生源的同时,也招致了许多社会舆论。特别是,由于亚裔学生比例不断增多,如史岱文森高中亚裔学生的比例高达 73%,而西班牙裔和非裔等的学生比例较少,这些学校面临着教育不公平的诟病。

这里以纽约市的特殊高中为例。2013 至 2014 学年,在这些特殊高中里只有 6%的学生是非裔美国人,7%的学生是拉丁裔美国人,而亚裔和白人学生的

---

① "Exam School"是波士顿市对 3 所高选拔性高中的官方称谓。
② MAP 是"学业进步评价测试"(Measures of Academic Progress)的缩写,由美国西北测评协会(Northwest Evaluation Association,NWEA™)研发,适用于 2—12 年级,考试科目包括语文(阅读和语言综合运用)、数学和科学。因此,该测试被称为 NWEA MAP。

比例却分别为 60％和 24％。非裔和拉丁裔学生严重不足的原因首先在于其参加特殊高中入学考试(SHSAT)的人数本身就比较少。非裔和拉丁裔学生人数占纽约市学生人数的 70％,但在 2012 至 2013 学年参加 SHSAT 的学生却仅有 45％,录取的比例更是仅有 14％。与此相比,亚裔学生的参考比例为 26％,但录取比例却高达 47％,白人学生的参考比例为 15％,录取比例为 23％。其原因可以追溯到这些孩子刚开始入学时。在各项标准化英语和数学考试中,非裔和拉丁裔学生的成绩往往比亚裔和白人学生低 25％到 30％。这些成绩上的差距一直会延续到 8 年级左右。这就直接导致他们在参加 SHSAT 时处于劣势。

这里让我们再深入了解一下 SHSAT 考试。SHSAT 有语文和数学两个部分,都是多项选择题。学生在每个部分的得分经标准化处理后转换为一个总分,纽约市教育局就是根据这个总分来决定录取与否。成绩好的学生可以被第一志愿的学校录取,成绩稍差的学生则会上第二志愿或者第三、第四志愿的学校。每年大约有 28 000 名学生参加考试来竞争这 8 所学校的大约 3 800 个名额,总录取比率不足 14％。整体来说,SHSAT 入学考试有诸多优点。首先,它操作简单,易于学生和家长理解,不像其他一些选拔性高中所使用的像迷宫般的要求和条条框框。其次,它对纽约市的任何学生开放,不论学生的种族、性别、移民状态、学区要求等等。第三,客观题的使用大大降低了考试的主观性,比如个人评价、关系、偏差等等。最后,该考试也给那些缺勤、学习表现不佳的学生提供了第二次机会,因为以上那些表现通常会被一般的选拔性高中所淘汰。

但是,对 SHSAT 的批评之声仍不绝于耳。有评论家对其考试的信度和效度以及可能存在的偏差提出了质疑[1],比如说该考试是否甄别出了最优秀的学生,其他不同版本的考试能否达到相同的效果,该考试是否对低收入的非裔和拉丁裔学生不公平,等等。虽然过去纽约市教育局的官员们曾指出特殊高中的

---

[1] Feinman, J. (2008). *High stakes, but low validity? A case study of standardized tests and admissions into New York City specialized high schools*. Boulder and Tempe: Education and the Public Interest Center & Education Policy Research Unit. Retrieved [date] from http://epicpolicy.org/publication/high-stakes-but-low-validity.

优异学术成果证明了其入学考试的效果,但评论家指出,目前没有任何基于学生性别或种族的预测性研究证明其总体的考试质量。2015 年,市长德布拉西奥(De Blasio)试图探索出能够替代 SHSAT 的招生选拔方法,其努力的重点是如何将族裔、地域、教师推荐作为录取的考虑因素。但是,拥有"既得利益"的亚裔学生父母坚持认为现有的录取方式最公平。他们担心纽约市教育局实行类似"平权法案"的政策对非裔拉丁裔作"特殊照顾",有违公平原则。

也有一些人建议纽约市教育局停止仅仅依靠 SHSAT 考试来决定录取与否,认为这样做会抹杀了学生以往所取得的任何优异成绩,比如从幼儿园开始到 8 年级各门学科均得 A 等等。但实际上这样做会削弱这些特殊高中的独特性,使它们成为和其他选拔性高中一样的学校。目前美国国内一百多所选拔性高中的招生标准多种多样,如以往的学业成绩、面试或者小论文的写作。这些学校有权根据申请人数来"调整"它们的选拔标准,有时候还会有些额外的录取政策,比如说特别照顾来自某一区域的学生等等。

然而,这些选拔性高中的这种综合性选拔办法实际上也存在不少问题。与纽约市特殊高中的统一的入学考试相比,这些学校的要求名目繁多,且各有不同,学生和家长们往往要花费很多时间和精力去筛选出心仪的学校并且最终申请成功。繁芜的选拔程序不仅耗费了大量的人力物力,而且相比于 SHSAT 考试来说也更加主观。结果就造成理论上更科学、但实践上不可行的局面。如果缺乏有力的监管的话,选拔程序还会出现不公平和随意性的情况。值得一提的是,多重的选拔条件并不一定会带来多样化的学生群体。纽约市选拔性特殊高中协会将自己的 8 所学术性特殊高中与其他州的 8 所选拔性高中进行比较,他们发现,尽管后者非裔和拉丁裔学生比例略有提高,但与整体相比依然人数极少,白人学生的数量差不多是其他种族学生的两倍。

五、讨论和小结

总之,与美国大部分公立高中实行按学区"就近入学"的招生做法不同,精英高中的招生对象并不仅限于其所在的学区。其中,特殊高中将招生范围扩大到学校所在的城市;由州财政资助并集全州优质教育资源而成立的州长学校,将招生对象扩展至全州学生;私立精英高中的招生范围更加广泛,伴随学校的国际化发展战略,这些精英高中扩大招生范围,力求在世界范围内选拔出最优秀的学生。

同时,从上文的论述与分析中,我们也可以得出一些启示。在学生录取的政策和程序上,精英高中,尤其是公立性质的精英高中,需要考虑如下因素:

首先,录取的标准和侧重是否符合学校的宗旨,其中包括本校如何有别于一般学校的办学宗旨和目标的陈述,使其"选拔性"获得社会认可。

其次,如何让选拔过程做到科学、公平,照顾到不同社会群体的权益,尽可能让不同社会阶层的孩子都有机会。

再次,高中阶段的教育和高层次专业培养有所不同,即使是侧重理工或人文学科的特殊高中,也依然要平衡综合能力和专业特长。

最后,选拔手段和程序的科学严谨性与实际可行性往往不能两全,比如许多高中的现实条件可能不允许其像哈佛大学录取学生那样动用各种资源、获取各种资讯。在这种情况下,学校需要根据各自的目标和资源,找到一个有效而又可行的手段。

第六章　课程与教学：超越课堂，立足前沿

一、历史概述

　　我们在前面几章谈及精英教育定位的历史沿革。把早期拉丁学校的传统和20世纪80年代涌现的州长学校传统作了对比。精英教育思想的变革，大致可以描述为从注重经典的"自由教育"（或称"博雅教育"）到开拓未来的"探究应用教育"的变革。即使在今天的常青藤大学中，也留存了这样的不同侧重。耶鲁、普林斯顿、哥伦比亚等侧重于前者，哈佛、宾大、康奈尔等侧重于后者。在高中阶段，这种沿革体现在强调专业化的特殊高中的发展。但是，在当今科学技术发展的背景下，也不宜过于夸大专业化教育与通识教育的差异。比如大量科技高中的课程中，也渗透了打通文理的思想。如在 STEM 中加入艺术（Art）成为 STEAM 体现了在创新思维导向下打通不同学科的现代教育理念。因此人才的专业性只是一个侧面，课程的设置充分地尊重人才的个性化和多学科知识结构的融会贯通，这主要体现在必修课和选修课按照个人特长和兴趣合理搭配。

　　普通高中教育的重点无外乎三个方面：就业技能、大学准备、公民素质。精英教育可以看作普通高中教育的"升级版"：相对于"就业技能"的是课程中的专业化训练，包括专业知识和研究技能的培养，相对于"大学准备"的是极具竞争力的学业成绩和个人探究实践经历，相对于"公民素质"的是对改善人类状况、改变世界的责任意识的强化。在当今科技高度发达、人类面临的挑战愈加复

杂、各种问题相互交织的时代背景下,精英教育的目标是培养能解决世界问题、开创未来的人才。简而言之,如果说美国普通高中关心的是如何让学生毕业后能适应未来社会的发展和变化,那么,美国精英高中关心的则是如何培养一批能够引领社会、为社会带来积极正面发展和变化的人才。精英教育的课程设计就是这一原则的体现。

二、课程目标和学业要求

(一) 课程的基本框架

精英高中的课程是普通高中课程的"升级版",其课程目标和策略具体如下。

- 提高高中现有课程的整体水平,更加突出课程对提高学生思维能力、应用能力、批判思维、创意想象能力的作用;
- 开设 AP 和 IB 等高质量、大学程度的课程;
- 拓展高中课程的专业性,开设文、理、工、艺专业选修课;
- 增加对学生从事研究和论文写作的要求;
- 增加学生的全球意识和胸怀,提供多种外语和文化教育;
- 把课外团队、俱乐部、社区服务要求作为培养沟通能力、合作能力和领导力的重要平台。

通过这些努力,精英高中力求自己的学生能够具有以下四方面的优势:

(a) 能够如愿进入他们向往的大学,包括"冲击"一流大学;

(b) 能够掌握创新和创业所需的基本技能和专业技能,以及与之相应的价值观和认同;

(c) 能够在将来担当引领行业方向而不是仅仅能适应行业变化的人才;

(d) 能够拥有改变世界、改善人类的眼界、气度和胸怀。

（二）课程的体系和执行

下面是第一章到第三章介绍的三类美国精英高中的课程要求的样本：

表6-1 伊利诺伊数理学院的课程要求(三年制)

主体课程	最低学分要求	备 注
科学	至少4个学分	一门核心课是必选课
数学	至少3个学分	每学期至少注册一门核心数学课
英语	3个学分	每学期至少注册一门英语课
历史和社科	2.5个学分	
世界语言	2个学分	
美术	0.5个学分	
健康	1个学分	
总体要求	每门课0.5学分；每学期至少2.5学分；"通过/不通过"考核的选修课不算在内	

表6-2 布朗克斯科学高中的课程要求(四年制)

主体课程	最低课程要求	备 注
英语	每学期必修	
社会研究	每学期必修	
实验科学	每学期必修	
数学	6个学期	
外语	6个学期	4个学期需要在本校完成
高二应用科学	2个学期	
美术	2个学期	
健康	1个学期	
体育	8个学期	
选修课1	2个学期	科学或者数学
选修课2	2个学期	任意选择第5门类课程
总体要求	每学期学生必须完成5种门类的科目，并且要参加纽约市高中毕业会考(Regents Exam)	

表6-3　菲利普斯埃克斯特学院对不同学年制学生的学分要求(单位:学分)

课程学制	艺术	古典和现代语言	计算机科学	英语	健康与人类发展	历史	数学	体育	宗教	科学
第一年				2		2		2/3		
第二年	2	4		5		3	4	4	1	3
第三年	2	7		8	1	5	7	7	1	5
第四年	3	9	1	11	1	6	9	10	2	6

　　美国高中"必修课"的概念和中国有所不同。比如,布朗克斯科学高中要求学生修六个学期的数学,有些可能是指定的课,如代数2(Algebra 2),每个学生都必修,但这不代表六个学期所有学生都选修一样的课。再比如,英语课是四年必修的课,但有些程度好的学生可以选荣誉(honors)英语课或 AP 英语课,有些则把主要精力放在数学或物理上,而选择普通程度的英语课。还有一种情形和大学课程要求一样,"必修"意味着在指定的生物课或者工程课系列中选择其中的一门,修得若干学分(小时/每星期)完成必修的要求。布朗克斯科学高中要求学生完成至少五个主修专业(majors)的要求,在这个意义上所选的五个主修专业是必修性质,但是具体选哪五个作为主修专业,每个学生的选择不尽相同,有的选了历史而不是社会学或政治学,有的选了生物而不是物理。所以毕业生张三的主修专业可能是数学、化学、生物、英语写作和艺术,毕业生李四的主修专业可能是数学、物理、电器工程、历史和音乐。这样的必修课要求保持了基本知识技能、知识结构的多样性与学生灵活选择之间的平衡。

　　除了大量必修课之外,学校还提供这些学科的 AP 课程、大学水平课程、荣誉课程以及大量的选修课程。当然,学生必须选修六个学期的数学,也不意味着学校只开设六个学期的数学课,有些学生可以根据爱好或未来发展(如进入数理专业)在第四年选修 AP 微积分或数论等大学课程。

　　对课题研究和论文写作的要求与全球视野的培育,是精英高中区别于普通高中的两个标志性要求。美国的高中共有四年,但大部分州长学校的学制是三年(包括 10—12 年级),这与中国的高中一样。精英高中的很多课程都要求学生做研究做项目,同时会鼓励学生到大学院校或者工业界、医学院的研究所实验室中亲身参与研究学习。第二年的时候,学校老师会教学生利用网络和信息资源寻找自己感兴趣的大学和科研机构,指导学生写简历和自荐信,发邮件和信件与相关的大学教授或者科研人员取得联系,老师还会传授如何准备面试和"推销"自己研究计划的技巧,以获得加入实验室学习或参与科研项目的机会。如果获得这些教授或研究员的批准,得到做科研的机会,学生就可以准备自己的科研项目,在高中余下的两年里完成研究并拿这个项目在高中最后一年参加英特尔或西门子科技精英赛以及类似的科研比赛。

增强学生的全球视野则是 21 世纪世界全球化发展背景下的新要求。和美国精英大学一样,精英高中也要求学生有全球化的知识和胸怀,为此,学校提供世界历史、政治、文化方面的选修课,组织各种课外活动(见第三章)。纵观众多的精英高中,它们有一个共同点,就是让学生所学绝不仅仅局限于课堂,而是深入到社会现实中去,同时能够运用其掌握的知识和技术造福社会,学校教育和社会有机结合,而不是脱节。鉴于精英教育引领社会的使命和责任,精英高中在这点上比普通高中更为突出。

上述课程体系的实现需要特定的课程管理方式和资源。第一,走班制在很大程度上增加了课程管理的灵活性,使学生从课程"菜谱"里选择自己的"菜"成为可能。让课程管理体制最大限度地服务于学生,而不是让学生适应既定的行政管理体制。第二,小班化为这种灵活的课程目标的实现提供了保障。选修份额的增加意味着学生的分化分层,有许多选修课的班级人数不可能很多。小班课意味着更小的生师比,而且教师也要有各自的学术专长,在自己的学科有一定的造诣,能跟上日新月异的科学技术进步和日益交叉整合的社会科学发展,才可能胜任那些高层次或专业科目的教学。第三,由于打破了标准化的课程体系,执行这样的课程体系还意味着学校必须拥有人事任用和教育政策制定的灵活性和自主权。并不是所有美国的精英高中在这些问题上都能游刃有余的。比如,与州长学校或私立精英高中相比,特殊高中受到更多限制,因为它们隶属于地方教育局,受地方教育法规约束。

(三) 课程的知识内涵和技能要求

本章一开始就提到，精英高中的课程有注重经典的"自由教育"和开拓未来的"探究应用教育"两种取向。前者注重知识拓展和思维训练，后者注重学和问、学和用、学和创的平衡；前者更注重知识体系的深度和广度，后者更注重人才对日益变化的社会的适应能力和领导力。从这个角度来观察美国精英高中的课程，有利于获得更平衡的对知识内涵和思维技能要求的理解。为了阐述这一点，我们以在美国被广泛应用的三套课程为例：AP（先修）课程、IB（国际文凭）课程和"项目引领学习"课程。

1. AP课程（"大学先修课"）

AP项目的提出，最初是为了让有能力的学生在高中阶段得到获取大学学分的机会。当时，福特基金会实施了一个创新性项目，为那些有前途的高中二年级学生提供奖学金去参加大学课程。受这一项目的影响，一些教育者们开发了AP课程。他们建议有能力的学生在高中高年级阶段选修大一课程。1954年，美国教育考试服务中心（Educational Testing Service, ETS）受"大学理事会"（College Board）邀请，开发特定的考试以评价使用大学水平的教学大纲的实验学校的教学结果，并且比较这些高中学生与12所参与考试设计的大学的大一学生的考试成绩，依此确定这套课程的可行性。

AP项目包括38门课程以及全国统一的考试，为高中生提供了在高中阶段体验大学课程以及获取大学学分的机会。为了获取AP课程的学分，学生必须参加标准化的期末考试，这些考试由大学入学考试委员会（College Entrance Examination Board, CEEB）设计，每门考试的评分等级从1到5分成五个等级分，3分为及格。美国每年约有15 000多所高中的120万名学生参加AP考试。

AP课程由大学教师和熟悉AP课程教学的高中教师共同开发。"大学理事会"还为教师开设了工作坊，对教师进行AP课程教学以及辅导学生应对AP考试方面的培训。AP课程和AP考试是专家学者和老师们密切合作制定出来的。每一门AP课程都是深思熟虑的结果，并且接受了公众的审核和讨论，可以说，AP课程和考试最大的公众优势就是它的公开度和透明度。长久以来，AP

课程素以涵盖广泛、课程严谨著称。但在2002年,"国家研究委员会"(National Research Council)的报告建议AP课程缩减其广度。报告称,过于宽泛的广度让学生们失去学习高级课程的真谛:对知识的深入理解和融会贯通。

严格意义上说,AP课系并非"课程",而只是松散组合在一起的组合,一个供人自由挑选的"菜谱"(menu)。它对这些课作为有机整体的目的、范围、序列、结构并没有明确界定,所以与严格意义上的"课程"不同。我们下面介绍的IB项目才是一个完整的课程体系,因为它包含个体学习和发展的整体构想。

2. IB课程("国际文凭计划")

IB项目创立于1968年,总部位于日内瓦。IB项目最初是为外交官子女设置的一个大学预备课程,意在使他们的学历能够获得国际认可。而今IB项目已经在全世界146个国家内实施,其使命是培养一批有求知欲、有学识、有爱心的年轻人,通过跨文化的理解和尊重来创造一个更好、更和谐的社会。

IB项目的初衷是提供"一套能够满足学业方面有天赋、有进取心的中学生的升学要求的严格的大学预备课程"("a rigorous pre-university course of study, leading to examinations, that meets the needs of highly motivated and academically gifted secondary school students")。而当前IB项目的适用对象已经不限于"天赋少年"或"英才"。IB课程的核心是理论知识,它强调多方面的认知、知识在多元文化中的作用以及知识和具体实践活动的联系。所以,它整合了"自由教育"和"探究应用教育",它的精髓是培养学生对大千世界深入、严谨思考的能力。

IB课程分为四个部分:(1)IB小学计划(Primary Years Programme),学生年龄从3岁到12岁,专注于培养孩子成为一个有很强求知欲的人,其课程设置有语言、社会研究、数学、文学、科学、个人教育等等;(2)IB初中计划(Middle Years Programme),学生年龄从11岁到16岁,给学生提供学业上的挑战,鼓励学生理论联系实际,并且成为有批判性思维和善于反思总结的思想者,该项目提供了8类学科的课程,语言A、语言B、数学、艺术、人文、技术、体育、科学等等;(3)IB文凭计划(Diploma Programme),学生年龄从16岁到19岁,主要提供6类学科的课程,语言与文学、语言习得、个人与社会、实验科学、数学和艺术,该项目的核心要求是一篇4 000字左右的文章写作、知识理论的掌握以及CAS理念(即创新、行动和服务);(4)IB职业证书计划(Career-Related Programme),学生年龄从16岁到19岁,是IB机构最新提供的项目,专门提供与以后工作密切相关的学习内容。四个项目共同组成了一套完整的教育序列,让学生们在知识、人际交往、情感和社会发展等多方面全面发展。这里,我们重点介绍其中和高中有关的IB文凭计划。

学生想要获得IB文凭(diploma),必须从上述六类学科中分别选择一门课程。每门学科的课程分为高级水平(Higher Level,HL)和次级水平(Subsidiary Level,SL;也称"标准水平")两个等级,学生必须至少选择三门高级水平的课程和三门次级水平的课程。

IB文凭课程对学生有三个核心要求:论文、知识理论和创造实践活动。

第一,学生需要从事一项独立研究并撰写4 000—5 000字的论文,研究内容从六个核心学科中选取。其目的在于提高学生以下四方面的能力:(1)谋划一个恰当的研究问题;(2)对所选话题进行深入探讨;(3)传达自己的思想;(4)形成一个核心观点。

第二,学生需要在学习知识的过程中把握特定知识的来源和本质(即"知识理论",Theory of knowledge)。学习知识理论的目的在于探究各种思考方式和不同类型知识。知识理论课程完全由问题构成,它的核心问题是"我们如何认识世界"。具体问题包括:(1)哪些构成某领域的证据?(2)如何判断某一个理论模型是迄今最好的模型?(3)某个理论的现实意义是什么?通过对这些基本问题和其他问题的讨论,学生对某领域的意识形态或价值预设有了更深刻的理解,从而更深地领悟到各种文化观点的多样丰富性。

第三,学生需要成功完成一项创新性的、审美性的或社会服务类的活动(CAS项目)。CAS项目要求学生参与一系列活动,涉及(1)真实的、有目的的、产生有意义的成果的活动;(2)对个人富有挑战性;(3)经过深思熟虑,比如需要计划、审阅和汇报;(4)对结果和个人收获作出反思。和前两个项目的要求不同,CAS项目更多发挥学生的能动性,并不规定学生应该做什么具体项目或活动。但CAS项目建议学生至少有一项活动是团队合作的项目,所有参与的学生必须有自己的贡献。

与 AP 项目不同,IB 课程要求学生在六门核心学科内遵循以上三个核心课程要求,并且强调知识的融会贯通。AP 项目涵盖的学科众多,并且其课程安排也可以由个别学校或学区灵活定制。因而,AP 课程的优势是灵活性,而 IB 课程的优势是系统性。长期以来,IB 项目处于 AP 项目的阴影之下,无法与之分庭抗礼。当前全美有 623 所学校提供 IB 项目,虽然从数量上来说只是提供 AP 项目学校数的一小部分,但 IB 项目越来越受到联邦的支持以及大学官员的认可,甚至被认为是高中课程的金牌标准。①

需要指出的是,尽管 AP 和 IB 项目是精英高中以及许多普通高中高端课程的标志,但也有很多精英高中并不依赖 AP 和 IB 课程。例如伊利诺伊数理学院,该校并不把 AP 课程作为其学科设置的重心,实际上也没有任何一门课程是围绕 AP 课程的教学大纲来上课的。但是,该校开设的很多具有大学水准甚至超越大学水准的课程让学生们具备了充分的知识和技术来应对相应的 AP 考试,所以最后该校共有 500 多人参与了 AP 考试,也获得了不错的成绩。托马斯杰佛逊科技高中在 AP 课程之外也开设了许多其他大学课程,如量子力学、神经生物学、计算物理、高级微处理系统设计等,它们应该是大学基础课之上的高端课程了。

3. "项目引领学习"课程(Project Lead the Way, PLTW)

PLTW 课程是一套大学研发的 STEM 教育工程课程。该课程分为三个专业,工程、生物医学和计算机。此课程完全采用"基于项目的教学法"(project-based learning),具有跨学科、直接对接现实科技中问题的特点。

(四) 课程满足学生的多元需求

美国精英高中的课程具有分化、分层和个体化的特点。这种课程建制给了学生相当大的空间来选择和设计自己四年的高中教育。除了常规的课程之外,

---

① 参见 Hertberg-Davis, H. & Callahan, C. M. (2008). Advanced Placement and International Baccalaureate programs. In J. A. Plucker, & C. M. Callahan(Eds.), *Critical issues and practices in gifted education.* Waco, TX: Prufrock Press, 31 - 44.

学生有多种多样的课外实践活动，以及与导师、授课老师、指导员和同学们合作研究的机会。学校规定的上课时间虽然很长，从上午7点半到下午4点15分，但实际上学生们并不是全天都在课堂之中。学校创新性地把上课时间切分为20个模块，每个模块20分钟，中间间隔5分钟的休息时间。学生每天的课业安排都有所不同。而且，每周三是学校的"探究日"，在这一天，学校不安排任何课程，学生可以在校内或者校外参与各种各样的独立研究或合作研究项目。学校还会专门安排一周时间让学生探索自己感兴趣的课题。另外，大部分学校要求所有学生参加至少100个小时的社区服务。

三、教学方法

是重视知识点的传授（注重内容的掌握），还是重视思维方式和技能的培养，不同的教育目的决定了教学的着眼点和教学方法。一般而言，中国的教育传统重视知识点的传授，而美国的教育传统更侧重思维方式和技能的培养。对美国人来说，"如何思考"（how to think）比"知识结论"（what to know）更为重要。同时，美国的教学方法始终强调"个人体验"在学习和知识建构中的重要性，因为，体验中的学习包含了学生最直观的感受，常常有个人情感的参与，更加容易融入个人的信念体系。所以体验式学习（experiential learning）在美国学校教育一直占据着相当大的份额。相比之下，中国教育观念中的知识是"客观"的，知识是凌驾于个人的主观体验和诠释之上的权威体系。这种差异也体现在精英高中的教学方法中。

在对160多所选拔性高中的调查中发现，把传统的宣讲式教学作为主导教学方法的学校占11%，把问题导向的学习、探究式学习、研究性学习、体验式学习等强调学习主体的教学作为主导教学方法的学校占35%左右，把区分化教学（即课程教学的个性化设计）作为主导的占14%，还有38%的学校回答"其他"（见图6-1）。笔者猜测这些学校可能混合了传统教学法和现代强调以学生为中心的教学方法（参见 Finn & Hockett，2012）。[1]

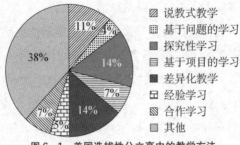

图 6-1　美国选拔性公立高中的教学方法
* 引自 Finn &Hockett(2012)p.55

比如，"以问题为引导的学习"过程包含如下程序：

- 遇见问题；

- 提出关于问题的探究性疑问；

- 运用问题解决策略来进一步识别和阐明问题；

- 组织信息——找出信息间的相互关系；

- 研究问题；

- 分析结果；

- 向合作小组展示研究发现；

- 为问题提出解决措施和建议；

- 向教师、同伴及他人呈现结果；

- 对学习过程进行自我评估。

根据笔者对学校教学现场的观察，对于技术性强、系统性强的学科或内容，教师的讲解和传授还是比较普遍的。比如在布鲁克林科技高中，笔者旁听了作为集成电路的数学基础的布尔代数课（Boolean Algebra），课上老师作了很多理

---

① Finn，C. E. & Hockett，J. A.（2012）. *Exam schools：inside America's most selective public high schools*. Princeton and Oxford：Princeton University Press，55.

论讲解。但是,在布朗克斯科学高中毕业班的 AP 数学课"多变量微分方程"(multivariate differential equation)课上,老师在用传染病扩散速度作为例子讲解多变量交互作用时,对这样一个"技术含量"很高的话题采用了课堂讨论方式,引导学生思考数学公式背后的逻辑以及微分方程如何实现预测现实问题(疾病在人口中的传染速度)的功用。那些文化内涵丰富或涵盖了复杂的社会过程的课程内容,如文学、历史、文化,笔者看到的更多的是讨论为主的课堂。这种现象体现了美国精英高中对教育本质的理解,即重要的不是标准答案,而是对现象和事件的"意义"的诠释和理解(以及对这些理解的鉴别和批判,参见 IB 对"知识理论"的要求)。总结起来,精英高中的教学方法与它们培养探究精神和探究能力、批判思维和创意思维的目标密切相关。其教学策略有如下三个特点:

1. 直接切入学科和行业领域的本质和内涵,不依赖课本或现成教科书结论

访问美国精英高中的中国校长常常会问这样的问题:为什么美国的学校"教得不多"但学生"知道得不少"。这和打破课堂传授单一模式有关。在自然科学和社会科学领域的课程里,直接接触研究文献,直接阅读原著,直接访问当事人,直接造访历史旧地,获得直接的感受。教学从直接经验开始,是杜威很早以前提出的理念。所以,许多精英高中的第一年不是学习知识,而是掌握探究和实践的基本功。在社会学领域,是如何获得和解读第一手历史资料;在科学领域,是如何掌握基本的研究方法和数据分析方法;在工程技术领域,是学会电脑制图,掌握电脑设计的基本要领;在文学领域,是阅读原著,从对原著的零距离"亲密接触"开始。这正应了中国的古训:授人以鱼,不如授人以渔。这样的教学方法,不仅开阔了学生的眼界,而且培养了学生的思考习惯、方法。掌握了学习的工具,学生自然就"知道得不少"。在一些具体领域,学生比老师知道得还多,思考更深入是不足为怪的。例如,2014 年我们和美国研究高中的 AP 英语班交流时,一名学生谈到班上对莎士比亚的讨论:

我们试图分析《李尔王》、《安提戈涅》(希腊悲剧)和《美狄亚》(希腊悲剧)的切入点。我们发现这些作品有很多不同的诠释方式。所以,一切都在于发现文中的细微之处来支持自己的观点。不管你最终选择了什么专业,你都要有捍卫自己信念的能力。

另一名学生谈到他在历史课上收获:

对于每一件事,我们都会深入地去分析。我们被教会,对于任何问题,都去看它的正反两方面论证。对于所有的英文和历史科目,我们都会去深入地分析。这样做真的可以帮助你成为一个独立的思考者。这里所谓的"独立的思考者",可不是像其他学校教出来的那种。我们也不会去背考试题,不会用短短几周时间去囫囵吞枣40年的历史。

2. 以研究项目培养学生的探究能力和价值认同

从问题开始,直接参与探究活动和实践,是精英高中教育的共同特征。这点体现在两个方面。首先,许多课程都包含探究项目,从工程课中的"基于项目的学习",到人文学科中对历史和文化的探讨,都是从真实的问题开始,没有既定的答案,只有在探究过程中获得对问题的不断深入的理解,比较不同解决方案的优劣。其次,到了11、12年级,数理或科技高中会要求学生直接从事独立研究。在美国,一般学生要到研究生阶段才会直接参与研究课题的确定、研究设计、研究执行、研究评价的过程。但在数理或科技高中,9、10年级是学生进行基本研究技能的准备和课堂学习研讨的阶段,到了11、12年级,学生就要真枪实弹地从事研究了。大部分高中的毕业研究要求是,所有学生都需要完成一个科学或工程研究项目;项目可以从提供的科技研究实验室中挑选一个完成,或者通过学校提供的"导师计划"(mentorship program)在企业的、政府的或大学的实验室或技术设施里完成。科研的成果会在学校或社区展示、在年度研讨会交流,优秀的论文则可以参与全国竞赛(如"英特尔科学人才搜索计划")。人文学科的教学则是完全超越教科书的教学,甚至将社会学科和语文打通,由历史老师和语文老师共同组织探究课,比如从小说《了不起的盖茨比》出发探究美国爵士时代(20世纪20年代)的生活形态,从小说《傲慢与偏见》出发探索英国当时的社会生态。这种教学模式提高了学生对问题的兴趣和提出问题的能力。创意想象也是探究的有机组成部分。比如在先前提及的美国研究高中 AP 英语班上,一名学生谈到他们的一项大众媒体作业,老师要求学生写一篇报纸文章"假如你生活在那个时代";历史课上,教师用"假如……"式的反事实的"假设情境"("假如二战美国没有参战,历史会怎样重写")开阔学生思路。

3. 以讨论、独立研究和写作增强学生对知识本质的反思和对问题的批判

中国有些教育者觉得课堂讨论浪费了教学时间。表面上,课堂讨论可能确实缺乏效率,有时甚至漫无边际。但课堂讨论的真髓在于,讨论意味着大家对讨论的对象、现象、命题有充分了解,其所阐发的见解是认真的,需要"较真",不可敷衍。讨论是一种民主自由的方式,没有人能垄断知识和话语权。讨论的教学方式的背后是理性精神。理越辩越明,在讨论中真正建立起学生的思想独立性和主体性。从这个意义上说,精英教育的基础是独立思维和批判思维。

案例:IB 课程中的"知识理论"

以历史课为例,历史学的"知识理论"包括如下问题:

• 为什么学习历史?

• 对于过去的知识是确定的吗?

• 对历史的研究能否丰富我们对人性的理解?

• 历史探究能否帮助我们理解现在和预测未来?

• 在历史学家的分析中多大程度上有情绪的作用?历史知识的客观性是可能的吗?

• 为什么对同一历史事件会有不同的解释?我们研究的是谁的历史?

• 是什么因素决定历史学家如何选择史料证据,如何描述、诠释,或分析这些事件?

• 什么样的历史问题涉及语言和文化的变迁?

• 历史能够在某种意义上视作是"科学的"吗?

知识理论的考核采用论文的方式。每个学生可以从六个给定的题目中挑选一个进行。每次考核的题目都有变化。下面是历史课的一些问题样本：

- 在多大程度上我们的知识是历史形成的？在论述时请涉及两个领域的知识。
- 有种观点认为"我们没有理由说无法将不同学科知识融会贯通形成一个共同的解释基础"。在多大程度上你同意这样的看法？
- 有人认为历史学中没有中性的问题（即，所有问题都带立场）。以两个方面的知识为例评价这个观点。
- "历史学的任务是发现人性的恒常普遍原理。"多大程度上历史学或其他领域的知识成功地做到了这一点？

四、丰富的课外俱乐部和课外活动

除了大量应用多元化的课程设置和探究式教学方法以满足学生对知识的强烈渴求之外，丰富多彩的课外活动也是许多精英高中与众不同的特点之一。例如，史岱文森高中的一个突出特点就是它拥有丰富的课外活动项目，包括 41 个体育联盟团队，20 个主要出版物以及 1 个活跃积极、功能完善的学生会，这些课外活动项目让史岱文森高中成为了全美最独特、最优秀的高中之一。学生还有机会参与独立研究并且可以在纽约大学、亨特学院、纽约城市大学等高校学习大学课程。布朗克斯科学高中的课外活动也是琳琅满目、丰富多彩。学校有 60 个俱乐部、30 个体育团队、1 个国际知名的演讲与辩论团队、模拟庭审以及世界级的机器人团队。每年学校学生都会创作两部剧，制作毕业纪念册以及编订知名年刊和学术杂志等等。托马斯杰佛逊科技高中也拥有多种多样的社团活动。学校共有学术、职业、文化、信仰、艺术、辩论、游戏、荣誉社区、语言、文学、科学/数学、服务、社会科学、体育和科技等不同类别的 180 多个社团活动。值得一提的是，许多精英高中的社团活动往往具有专业性、知识性、前沿性。比如在物理或数学俱乐部讨论的问题往往比课堂内容更深入更前沿。事实上，几位从纽约市特殊高中毕业的诺奖得主在回忆校园生活时，提到更多的不是课堂，而是课外活动上同学间的互相激励和交流。

五、实现课程目标的保障管理体系和师资要求

从教学管理上，学分制和走班制保证了课程选择的灵活性，但这还远远不够。多数精英高中都推崇小班教学，例如位于华盛顿特区的"无墙学校"（School Without Walls，Washington，D. C.）。该校有 38 名老师和 470 名学生，生师比大概为 12∶1。核心课程的上课人数每班不超过 25 人，AP 课程的学生人数维持在 20 人。该校校长就曾经直言不讳地说，他宁愿选择小班授课也不愿因为经费原因凑齐一大班学生一起上课。该校老师的人员流动情况很少，很大程度上保证了教学的连贯性和教学水平的稳定性。一位任教 7 年的老师提及，她记得在这几年间只有一位老师很不情愿地离开了这里。另外，老师们最初选择在这里任教也是经过慎重考虑的。虽然老师们在头一年都感觉到有些压力，但他们都愿意成为学校大家庭的一分子。优秀的教师队伍，良好的授课体验确保了无墙学校高质量的教学输出。

位于新泽西州的伯根郡学院（Bergen County Academies）也是如此。尽管在 2010—2011 年度学校的财政预算不甚理想，但学校还是雇用了大约 100 名教师和 20 名职工，维持了一个相当低的生师比。班级平均人数为 18 人左右，没有一个班级人数超过 24 人。有四分之一的老师拥有大学授课经验，或者曾在商业机构和科技部门任职。几乎每位老师都拥有硕士学位，有些还有博士学位，特别是科学领域的博士学位。另外，老师们都热爱自己的岗位，该学院的老师平均上课年限是 8 年。当然，这些精英高中老师的工作也是极富挑战性的。史岱文森高中原校长曾开玩笑说，自己的学校是一个学生比老师聪明的学校。教师工作的挑战性，不仅仅体现在学生们很聪明导致授课往往会遇到有挑战的问题乃至质疑，最重要的是老师们有一大堆的学生论文和独立研究成果需要审核、评论，并且打分。备课任务也是相当繁重。备课的内容通常要详实，并且还

要适当超前一些。伊利诺伊数理学院的教师队伍由 60 名资历丰富的全职或者兼职老师组成,其中一半拥有博士学位,其余的老师至少有一个与所教课程相关的硕士学位。28 位老师具有大学授课经验,很多人还在学术期刊上发表过文章。雄厚的师资力量确保了其教学质量的高水平。该校还有芝加哥周围几所大学和科技孵化园"1871"的支持(关于师资建设的详细介绍,见第七章)。

有效利用校外资源,并为此建立长效合作机制是许多精英高中课程保障体系的一部分。如位于纽约市的美国研究高中与吉尔德·雷曼美国历史研究院(the Gilder Lehrman Institute of American History)保持着紧密联系。该研究机构向美国研究高中提供如下资源和支持:

- 在线资源和课程材料;
- 为历史造访提供经费;
- 为学生提供丰富的课堂活动;
- 少年历史学者论坛;
- 教师的专业发展;
- 夏季教师研讨班。

六、现状和问题

本章我们介绍了美国精英高中的课程和教学的特点。研究发现,对于课程设置的内涵和挑战性,既有肯定之声,也有检讨之声。比如,AP 项目开始于 20 世纪 50 年代,创立的思想源于很多高中生具备了完成大学级别功课的水平,并且很多高中学校有意愿和有条件提供大学级别的课程。这些课程的设置及其相应的高要求是 AP 项目成功的法宝。该项目提供了课程的框架、学业成就的标准、测试的基础以及选择大学的参考。1955 年,共有 1 229 名学生参加了 AP 考试并将考试结果送到了几所大学。时至今日,美国已经有超过一半的高中提供 AP 课程。而且,AP 课程涵盖的领域也越来越广。

有很多学者对是否参加 AP 课程的不同效果进行了比较研究,尽管有学者得出结论说没有参加过 AP 课程的学生比参加过 AP 课程的学生在大学里的表现更好,但是大部分学生都对 AP 课程持支持的态度。当被问到参加 AP 课程的原因时,有学生答道:"AP 课程让我们打下了大学的坚实基础。"还有学生说:"AP 课程让我们在上大学之前就学到了很多有用的知识。"另一个很重要的方面是,教授 AP 课程的老师往往更加专业,课程准备更加充分,并且对学生的期望也很高。老师们也反馈道,教授 AP 课程时感觉更加有活力,会愿意多花些时间备课。总的来说,参加过 AP 课程的学生不仅成为大学录取竞争中的佼佼者,而且通常在大学的四年时光里有着较为优异的表现。

　　但 AP 项目也并非尽善尽美,仍然存在很多问题。例如,有很多学生并不是出于爱好主动选择参加 AP 课程,而是因为他们想让自己的成绩单显得更加好看一些,同时也希望增加上好大学的概率。另外,很多学校标榜自己设有 AP 课程,但实际上却并未达到 AP 课程的高要求,甚至一些课程仅仅有着 AP 的名称而已。有些老师没有受过 AP 课程的教学训练,而且也并没有鼓励学生参加 AP 考试。"大学理事会"正着手对 AP 课程进行改革,更多强调通过这些大学水平的课程提高学生的分析和批判思维以及问题解决能力。

第七章　精英高中的教师发展

一直以来,教师被认为是影响学校教育质量的重要因素,是学校教育教学改革的关键。教师质量的高低直接影响着学生的成长与学校的发展。对于精英高中而言,优秀的教师队伍是其办学成功的秘诀之一,本章主要介绍和分析美国精英高中的教师情况。

一、强大的师资力量

精英高中优越的师资条件主要表现在两个方面:教师自身的高学历以及学校的低生师比。其中,高学历教师是精英高中师资条件优越的重要体现,是学校教育教学的重要保障,而低生师比则为教师们在小规模班级中灵活施展个人的才华与能力提供了客观条件。

(一) 高学历的教师

优秀的教师是精英高中取得卓越成就的重要因素,其首先体现为教师学历水平普遍较高。对于私立精英高中而言,具有硕士以上学历的教师占到全体教师的60%以上,有些学校硕士学历以上的教师比例高达80%。以霍奇基斯中学为例,2016—2017学年,该校有教师155人,84%的教师具有硕士以上学位。又如,安多佛菲利普斯学院的教师具有硕士学位的比例高达81%。其他私立精英高中如菲利普斯埃克斯特学院和劳伦斯维尔中学具有硕士以上学历的教师比例均为78%。(具体可参见表3-1)

与此同时，作为公立精英高中的特殊高中，教师的学历水平也普遍高于其他公立高中。以史岱文森高中为例，该校有全职教师 160 人，辅导员 15 人，行政管理人员 12 人，100％的教师具有硕士以上学历，其中 17 人具有博士学历。[①]他们大多具有丰富的工作经验和人生阅历，可谓是各个专业领域的佼佼者。同样，另一所特殊高中布朗克斯科学高中的教师学历水平与之不相上下。

集全州优质教育资源创办的州长学校师资队伍也很强大。大多数州长学校教师都具有硕士及以上学历，有些学校获得博士学位的教师比例在 19％—73％不等[②]，有的教师还具有多个硕士或博士学位。州长学校教师的突出特点在于，一些教师在执教州长学校的同时，还任职于当地的学院或大学。如德克萨斯数理学院的教师全部是北德克萨斯大学（University of North Texas）的在职教师。除此以外，一些州长学校还设有访问教师或访问学者项目，邀请大量来自工商业的企业家、大学和其他公立高中的讲师到学校讲课或开设讲座。例如，享誉盛名的伊利诺伊数理学院，其师资水平可谓全国一流。该校在全美范围内"网罗"杰出的教师，上到总统奖章获得者，下到畅销书作家，所有教师都是个人所从事的专业领域的精英。该校教师全部具有硕士以上学历，其中 47％拥有其任教学科的博士学位。另外，31％的教师获得美国国家专业教学标准委员会（National Board of Professional Teaching Standards，NBPTS）的资格认证。[③]应该说，高学历以及丰富的教学经验是精英高中教师的教育资本，这使他们成为精英高中的宝贵资源。

（二）较低的生师比

纵观美国所有的精英高中，生师比较低是其显著特征。在美国名列前茅的私立精英高中，生师比普遍为 5∶1 或 6∶1，最高的为 8∶1，班级规模为 12—14

---

① 数据来自于 2014 年笔者对时任史岱文森高中校长的张洁女士的访谈。

② Stephens，K. R.（1998）. Residential math and science high schools：a closer look. *Journal of Secondary Gifted Education*，10，85 - 92.

③ IMSA quick facts 2014. https://www. imsa. edu/sites/default/files/upload/quickfactsj-une2014. pdf.

人。公立精英高中的生师比也大约为 10：1①，这一比例远远低于普通公立高中的生师比。以佛罗里达州为例，2010—2011 学年该州公立高中 9—12 年级的平均班级规模为 25 人。② 较低的生师比能够保证教师在教育教学过程中考虑到每个学生的学习需求；同时，较小的班级规模也为教师的有效教学提供保障。

表 7-1　部分私立精英高中办学情况一览表（2016—2017 学年）

学校	创建时间（年）	学生人数	教师人数	生师比	具有硕士以上学历教师比例	平均班级规模（人）
安多佛菲利普斯中学	1778	1 150	218	5：1	81%	13
菲利普斯埃克斯特学院	1781	1 000 +		5：1	78%	13
劳伦斯维尔中学	1810	822	112	8：1	78%	12
希尔中学	1851	520	74	7：1	66%	12—14
圣保罗中学	1856	531		5：1	71%	11
佩蒂中学	1864	564	109	6：1	75%	12
卢米斯查菲中学	1874	675	179	5：1	60%	12
乔特罗斯玛丽中学	1890	862	119	6：1	67%	12
塔夫特中学	1890	594	126	5：1	72%	11
霍奇基斯中学	1891	627	155	5：1	84%	12

注：该表格中的数据均来自各所学校 2016—2017 学年的统计数据。

二、卓越的专业技能

对于学校发展而言，教师是影响学校教育质量的关键因素，而评价教师的关键在于教师的专业技能。专业技能体现在教师的专业素养、教学策略、教育合作能力以及教育创新能力等多个方面。

---

① Finn，C. E. & Hockett，J. A. (2012). *Exam schools：inside America's most selective high schools*. Princeton and Oxford：Princeton University Press，182.
② http://www.fldoe.org/finance/budget/class-size/index.stml.

（一）专业素养

精英高中的教育对象是一群"特殊"学生，较之普通高中的学生，他们有着更强的学习能力、更旺盛的求知欲、更积极的探索精神、更敏锐的思维能力以及更耀眼的学业成绩。学生的这些特点对精英高中的教师们提出了更高的专业素养的要求。

美国英才儿童协会（National Association for Gifted Children，NAGC）是一个致力于推动美国英才儿童和英才教育发展的机构。其通过教育、政策倡议、社区建设和研究等途径来支持那些促进英才儿童成长与发展的人们，包括父母、K-12阶段的教育工作者以及高校教师和研究者等。[①] 正是基于对英才学生发展及其教育的关注，NAGC制定了《英才教育教师知识与技能标准》（*NAGC-CEC Teacher Knowledge & Skills Standards for Gifted and Talented Education*）以及《英才教育教师培训高级标准》（*Advanced standards in gifted education teacher preparation*），对英才教育教师所应具备的知识与技能作出了规定，具体内容如下：

第一，英才教育教师首先应对英才教育领域具备充分的了解。他们应该认识到英才教育是一个不断发展和变化的学科，其发展以哲学、相关法律与政策、历史发展与人类问题等领域为基础。这些领域的观点持续影响着英才教育领域以及学校和社会对待英才学生的态度，同时也影响着英才教育的教学规划、项目评估和评价等教育教学实践。英才教育教师作用独特，为了为英才学生提供优质教育，需要确保为教师的有效培训提供恰当的资源。

第二，了解英才学生的身心发展特点以及他们个体学习的差异。英才学生较之其他学生而言具有超常的学习需求和能力，其发展应该受到家庭和社会的关爱。同时，教师也应理解英才学生的天赋和才能对其学习行为、社会行为、态度、兴趣与价值观等多方面的影响。

第三，创设良好的学习环境。英才教育教师应能够为英才学生创造一定的

---

① National Associationof Gifted Children. http://www.nagc.org/about-nagc/who-we-are.

学习环境,推动学生的文化理解、安全和心理健康、积极的社会互动与广泛参与。在这样的环境中,英才学生的多样性受到尊重,其独立性和学习动机也不断得到鼓励。

第四,具备一定的语言交流能力。教师应理解语言与交流在英才学生才能发展方面的作用,掌握相应的资源、能力和方法,开发提高英才学生沟通技能的策略,并运用口头和书面交流工具,包括一些辅助技术来改善英才学生的学习体验。

第五,具备教学规划的能力。课程与教学规划是英才教育的中心,英才教育教师应通过掌握英才教育的相关教学理论和方法论,在充分考虑学生的能力、需求、学习环境、文化和语言因素的情况下,开发适合英才学生的教学计划并不断调整和改善这些教学计划。特别是在精英高中中,这主要体现为教师能够为学生提供有挑战性的课程。

第六,合理评价的能力。英才教育教师应了解英才学生的识别过程以及有关识别的法律政策和道德原则,并理解这些评价理论与实践对学生的影响。同时,为了保证公平地进行识别,教师应采取替代性评价方式,如表现性评价、档案袋评价和电脑模拟评价等。

除了上述几项标准,NAGC 制定的英才教育教师标准还涉及更重要的内容——差异化或区分化教学(differentiated instruction)策略与教育合作能力等。鉴于这两方面能力的重要性,将单独对其进行说明。事实上,作为英才教育的实施者,这些知识与技能是精英高中教师良好专业素养的体现。

(二)差异化教学策略

现代教育理念认为,每个学生是有差异的,其在不同学科的学习速度和方式不同,接受知识的能力有别,进而导致学业结果的差异。差异化教学策略是在正规班级实施的,通过判断不同学生的学习需求(要学什么)、学习方式(如何学习)与学习效果(学习结果),提供差异化的教学内容,最大化地满足每个学生需求的策略。美国联邦教育部报告《追求卓越:美国人才发展案例》(*National Excellence:A Case for Developing America's Talent*)指出,"学校应该评估学生在每个学科课程的能力水平,为学生更好地掌握知识提供不同的学习机会"。① 这种差异化教学能力也是 NAGC 制定的《英才教育教师知识与技能标准》所强调的,具体内容包括:掌握大量学校和社区教育资源,为因材施教提供基础;将高阶思维与元认知模式运用到教学中以期满足不同英才学生的学习需求;为英才学生提供探索、开发或研究其兴趣与才能领域的机会;提前评估英才学生在不同领域的学习需求,并依据过程性评价结果来调整课程与教学的进度,使其与英才学生的学习需求保持一致等。②

精英高中的学生都是经过 SAT 测试、学校面试或是专门的入学考试③严格选拔出来的,较之其他高中的学生,他们学习能力强、成绩优异,表现出一定的相似性。然而,这些学生内部又是一个异质化群体,不同学生在对知识的接受程度、学习方式、学习需求以及不同学科的学业表现方面呈现出一定的差异性。在这种情况下,差异化教学就成为精英高中教师为确保满足学生不同学习需求而采取的重要策略。

精英高中教师能够认识到学生间的差异。他们认为每个学生都是独特的和有天赋的,只要给予他们一定的机会和条件,每个人都能够在不同领域取得卓越的成就。因而,教师会根据学生自身的学习能力为他们设定不同的发展目标,并根据学生不同的特长灵活调整教学内容。在精英高中,教师们不是"相同知识的传播者",即把同样的课程内容传授给所有学生,而是"不同学习机会的组织者",即为不同程度的学生提供差异化的学习计划和机会。

在具体的教学过程中,精英高中教师普遍采取基于问题的教学方法,鼓励学生运用研究能力和问题解决能力,主动和探究性地解决学习中的问题。教师往往会先将学生分组,然后根据学生的能力委任不同的任务,包括收集和整理

---

① U. S. Department of Education. (1993). *National excellence: a case for developing America's talent*. Washington, D. C. : U. S. Government Printing Office, 27.

② National Associationof Gifted Children. NAGC-CEC Teacher Knowledge& Skills Standards for Gifted and Talented Education.

③ 美国私立精英高中和州长学校大多参考学生的 SAT 成绩,并结合面试等方式选拔学生;而特殊高中则主要根据学生在入学考试中的成绩决定其是否被录取,比较典型的是纽约市特殊高中入学考试。

信息、处理数据、展示研究成果等。教师的职责就在于充当促进者(facilitator)，引导学生提出问题、思考和分析问题。同时，教师会及时地对学生的学习需求和能力进行评估，不断调整教学内容和策略。

(三) 教育合作能力

不管是独树一帜自立门户的私立精英高中，还是隶属于公共教育体系的公立精英高中，社区大家庭式的学校氛围都是它们的重要特征，教师往往具备较强的教育合作能力。同样，这一能力也是 NAGC 的英才教育教师标准所提及的。

精英高中教师的教育合作能力首先体现在跨学科教学方面。鉴于精英高中学生"超常"的特点，为了满足所有学生的学习需求，确保每个学生都能成才，精英高中注重开展跨学科教学。这就要求不同学科的教师开展团队合作，共同致力于课程的开发。以弗吉尼亚州的托马斯杰佛逊科技高中为例。在美国，AP 课程以其较之普通高中课程难度更高、内容更广泛的特点，被广泛应用于高中，是专门为学习能力强、学业成绩优异的高中生提供的课程服务。而托马斯杰佛逊科技高中超越 AP 课程的框架，自行开设整合型课程。其开设的"地理系统"(Geosystems)课程就是多学科内容整合的体现，该课程综合了生物、化学、物理和数学学科的内容，要求学生在掌握一定的生物、化学和物理知识的基础上，运用数学技能解决课程中讨论的温室效应、臭氧减少和生物多样性锐减等现实问题。[1] 这种多学科课程整合的教学模式，也是对该校教师的挑战。

精英高中教师的教育合作能力还体现在与学生、学生家庭以及社区的合作方面。具体包括：加强与学生及其家庭的沟通与联系，更好地了解学生的个性特点与学习需求；了解家庭对于学生可能存在的多方面影响，进而对学生作出更全面的评估；同时，加强与家庭和社区的合作，为学生提供更多的教育资源。

(四) 教育创新能力

教育创新能力是精英高中教师卓越技能的又一体现。本书第四章提及，不

---

[1] 李娜(2014). 美国理科高中简述. 基础教育参考. 19,72 - 76.

管是私立精英高中,还是公立精英高中,灵活的管理体制是学校办学的重要特点。这些学校的管理不拘泥于形式,能够给予教师更多的教学自主权。这一点在私立精英高中体现得尤为明显。由于其免受联邦和各州教育政策对课程内容和学生学业成绩的要求,教师们可以自由地设计自己的课程,并按照个人意愿进行教学。事实上,能够灵活地设置教学方案,享受教学自主性是许多教师选择在私立高中任教的重要原因。私立高中不受约束的自由的教学环境成为孕育教师教育创新能力的土壤。

公立精英高中同样如此,特别是州长学校,其教师大多是各自专业领域的带头人和佼佼者,教育创新能力往往是其必备的专业素养。伊利诺伊数理学院是学校自主设置课程的代表,该校把成为"想象与探究的教育和学习实验室"作为学校办学使命。与许多精英高中不同的是,在教学方面,伊利诺伊数理学院没有把 AP 课程作为授课基础,教学大纲的设计也没有参照 AP 考试的标准。相反,学校自主开设了大量课程,其难度达到甚至超越了大学水平,选修这些课程后学生可以游刃有余地应对 AP 考试。

三、优秀的个人品质

除了教育教学方面的专业能力,品德修养也是评价教师的重要内容。"十年树木,百年树人",教育不仅要教人成"才",更要教人成"人"。教师的"身教"(品德修养)比"言传"(教育教学能力)更能在育"才"和育"人"方面发挥作用。

(一) 职业认同感高

有研究表明,美国精英高中的教师转岗率普遍较低,私立精英高中和公立精英高中都是如此。这一研究结果从侧面表明,精英高中教师具有较高的职业认同感。

不得不说,精英高中轻松自由的环境是教师获得认同感的重要原因。第四章已经提及,精英高中具有灵活的管理体制,在学校管理和教学方面都给予教师更多的自由,使其可以自主设计课程内容并灵活安排课堂的教育教学策略。

同时,学校领导十分重视教师在学校管理中的民主参与。当教师感受到自己的意见和需求受到重视时,就会获得更多的自我认同。特别是州长学校和私立精英高中,二者都实行寄宿制,师生都借宿在学校,整个学校像个"大家庭"一样,教师自然会产生强烈的归属感。

也许读者会有疑问,这些精英高中办学资金雄厚,特别是私立精英高中每年收取大量学费,并获得校友的巨额捐赠,学校教师的工资肯定很高吧?高收入自然会带来教师更高的职业认同度。现实恰恰相反!私立精英高中教师的工资普遍低于一般的公立学校,这一结果也许会令读者大跌眼镜。与之相似,许多公立精英高中(包括州长学校和特殊高中)教师的工资也与普通公立高中相近,或低于标准水平。此外,私立精英高中以及州长学校并没有实行终身聘任制度,这意味着这些学校教师的工作并没有体制保障。然而,于精英高中教师而言,轻松的教学环境、灵活自由的课程与教学安排以及勤学好问、追求卓越的学生可能比终身教职和丰厚的薪水更具有吸引力。

(二) 时间和情感投入多

精英高中的教师们对其所在学校和学生在时间和情感方面倾注了大量的心血。他们热爱所做的工作,愿意与学生分享自己的知识、阅历和时间。特别是私立精英高中和州长学校(均为寄宿制),教师与学生一样吃住在学校,无形中教师承担了除教学外的更多职责,包括担任体育教练、组织课外活动、做"保姆"等。由于学校生师比较低、班级规模较小,客观上使得教师与学生的关系更为密切,并导致教师的私人时间和空间被学生或学校的公共事务所挤占。无论是从主观意愿出发,还是受客观现实制约,教师都投入了大量的时间和情感。事实上,私立精英高中的教师们对学生成长和学校发展,也确实秉持着负责任的态度。有研究显示,超过 90% 的学生都认为教师对学生很重视,并且满怀着热情和激情教学。[1]

---

[1] Cookson, P. W. Jr., Persell, C. H. (1985). *Preparing for power: America's elite boarding schools*. New York: Basic Books, 95.

从另一方面来说，寄宿制的特点以及由此带来的现实问题也导致此类精英高中特别重视教师的德行。缅因州的希布伦学院（Hebron Academy）的校长说，在教师招聘过程中，不仅看重教师的学术资格（学历），更看重他们的教学热情以及奉献大量课余时间服务学生的意愿。

精英高中的学生往往具有求知欲强、钻研能力强的特点。对于他们而言，在入学之时就已经做好迎接各种问题与挑战的准备，越是面临逆境，越能激励他们以昂扬的斗志和好奇心去解决一个又一个难题。然而，他们毕竟也只是一群未成年或刚刚成年的高中生，他们身上也有着高中生群体普遍存在的这样或那样的问题，包括上课迟到或缺勤、考试作弊、打架、吸烟、酗酒、吸毒等等，这些都是无法避免的。遇到失败或犯错的情况，他们也会感觉沮丧。

精英高中教师重视在情感方面关心和帮助学生，为他们提供心理咨询和帮助。比如，创建安全的校园环境，营造"大家庭"的氛围，给学生支持、安全、相互信任的感受，并提供正式或非正式的帮助。其中，正式的帮助主要是指通过学校设立的咨询日或咨询项目，为学生提供辅导；而非正式的帮助主要是指学生在课余时间向教师寻求的各种帮助。

四、重视专业发展

美国精英高中教师在专业技能和个人品质等方面表现卓越，这在很大程度上得益于教师自主和能动的专业发展。

美国精英高中的教师大多是终身学习的倡导者，能够不断通过各种机会丰富和充实自己，实现自我完善与专业发展。精英高中的教育对象是一群富有创造力和探索精神、善于对新知识和新问题进行孜孜不倦的钻研的学生，他们对知识的领悟和学习能力甚至超过了老师。正如史岱文森高中原校长张洁女士所言，"史岱文森是个学生比老师聪明的学校"。面对这些精力旺盛、跃跃欲试去探索广阔的未知世界的学生，精英高中的教师们不得不通过持续的学习和自我提升来"跟上"学生前进的脚步。

与此同时，精英高中自身也十分注重教师的专业发展，努力为教师们提供在职培训和专业发展的机会。在这方面，伊利诺伊数理学院可谓精英高中的"典范"。在教师专业发展方面，该校开展了研讨会、专业学习日（professional learning days）、工作坊等活动，通过这些活动，教师们可以学习到基于探究的教学等教学策略，并将其应用到课堂教学中去。同时，作为一所州长学校，伊利诺伊数理学院不仅以培养伊利诺伊州 STEM 领域创新人才为使命，还把推动该州乃至全美教师的专业发展作为其重要目标。在过去的十年间，学校共为全美范围内的两万多名教师提供了专业发展服务。其中，该校面向教师开展的基于研究并经实践证明有效的"数学、科学和技术学科教学项目"，获得了州政府的褒奖。

菲利普斯埃克斯特学院开展的全球教育项目为教师提供了在海外接受专业教育和发展的机会。学校不同系所的教师共同组建学习小组，不断地开启海外研究和探索之旅。当他们返回学校后，可以将世界各地的文化以及教育理念和教学方法融入学校教育教学中。如舞蹈教师带回了可以在舞蹈中使用的纺织物和乐器，历史老师带回了地方性的手工艺品，艺术老师带回一些陶器和摄影作品。通过课程讨论，学生们可以跟老师一起分享这些学习经验。

当然，教师专业发展本质上是一个日常的、循序渐进的过程，其功在平时，需要教师具备足够的热情并积极发挥自身的主观能动性。这种情况下，建立一个促进教师专业发展的有效机制就显得格外重要。全美 STEM 高中联盟（NCSSS）的成立，在一定程度上就代表着这样的机制。NCSSS 是由美国上百所 STEM 高中组成的联盟机构，旨在促进 STEM 教育的发展，其成员学校大多位列美国高中排名的前一百名。NCSSS 每年召开教师年会，组织全国范围内的教师分享教育经验、交流研究心得，激励并督促教师"功在平时"，不断反思和改进自己的日常教学。值得一提的是，NCSSS 教师年会一般与美国英才儿童协会（NAGC）的年会同时召开，并往往作为 NAGC 年会的会前会（pre-convention）。NAGC 年会是全美乃至世界范围内从事英才教育理论和实践研究的专家学者、研究生以及开展英才教育实践的一线教师、管理者，每年齐聚一堂讨论英才教育发展的盛会。这样的会议安排，适时地为精英高中的教师们提供了有关英才学生发展的理论学习与实践交流的机会。

五、现状和问题

本章主要介绍了美国精英高中的教师发展情况。需要说明的是,这些精英高中教师并非每位都是十分优秀并且注重个人专业发展的。在与史岱文森高中前校长张洁女士的访谈中我们了解到,即便像史岱文森这样的老牌名校,也存在个别教师不思进取、不能与时俱进的问题,有的教师基本不参加任何教师专业发展培训。在美国现有的教师聘任制度下,教师一旦获得了教席(tenure),就可以终身任教,触碰法律或涉及其他原则性问题(如政治正确)的情况除外。由于美国公立学校教师的任免权主要在州或学区,再加上强大的教师工会组织为教师们"撑腰",一旦教师被招聘到学校(学校可以选择招聘哪些教师),学校管理层很难随便将其解聘。为此,如果遇到"当一天和尚撞一天钟"的教师,即使是史岱文森高中这样的公立精英高中的校长也无能为力。对于这种情况,各州或各市的教师评估制度就开始发挥作用了。

为了"使每个教室都具有高效的教师",保障教师队伍的高素质,提高公立学校的教育质量,近年来,美国实施了更为严格的教师评估制度。2013年3月,纽约州通过立法,要求所有公立学校永久性地执行教师评估制度。法律要求,所有公立学校定期对教师进行评估,其中教学表现占60%,学生成绩占40%,连续两年不合格的教师将被解聘。教师评估主要由校方和独立评估机构负责,其中至少有一次评估是教学现场秘密观察,此外还将参考学生及其家长对教师的意见。[①] 与纽约州的政策同步,纽约市教育部与教师联合会(United Federation of Teachers)共同开发了教师发展与评估系统(Teacher Development and Evaluation System)。该系统采取多重评估措施,全方位地评估教师在学生进步中的作用和贡献。正是在教师评估制度的约束下,包括特殊高中等在内的美国公立学校的师资质量得到保障。

---

① 美国纽约州推行教师考核制度 不合格者将被辞退. http://news. hangzhou. com. cn/gjxw/content/2013-03/26/content_4666799. htm.

第八章　学校教育资源的建设与保障

　　提及美国精英高中的教育资源,课程与教师资源首当其冲,鉴于两者对学校发展的重要性,本书第六章和第七章分别讨论了其丰富的课程资源与卓越的师资力量。除了课程与教师之外,基础设施建设也是学校教育教学的基本保障。当前,在大数据的时代背景下,信息技术资源对学校的教育教学愈加重要。基于这些资源对于高中发展的重要性,本章以"学校教育资源的建设与保障"为题进行专门讨论。我国《国家中长期教育改革和发展规划纲要(2010—2020 年)》提出:"要加强优质教育资源开发和应用,建立开放灵活的教育资源公共服务平台,促进优质教育资源的普及与共享。"了解美国精英高中的教育资源建设与保障,对于促进我国高中优质教育资源的开发和应用具有重要的借鉴意义。

一、教育资源的建设

(一)一流的学校基础设施

　　人才的发展离不开孕育其成长的土壤,学校就是学生成长的沃土。精英高中一流的基础设施建设,为其教育教学与人才培养提供了重要基础。

　　美国私立精英高中办学资金雄厚,这一点从学校的建筑及各类教育设施建设方面可见一斑。大多数私立精英高中坐落于依山傍水的城郊与乡村①,环境优美静谧。这些学校占地面积巨大,一般都在100英亩②以上,有的甚至占地上千英亩,一些学校甚至有隶属于本校的森林、湿地或湖泊。在保证学生正常的教育教学活动之外,广阔的校园为学生提供了户外活动的空间,如徒步旅行、游泳、划船、赛马等。学校基础教育设施完备,有藏书规模与大学比肩的图书馆、现代科技设施及人文与艺术中心、各类体育运动场馆等。

菲利普斯埃克斯特学院是美国私立精英高中"十·校联盟"的成员之一,学校基础设施建设堪称世界一流。菲利普斯埃克斯特学院有着世界上最先进的科学设施、卓越的艺术和音乐中心、规模宏大的中学图书馆以及三个天文观测台。其中,建于2001年的菲尔普斯科学中心耗资3 800万美元,占地面积达6 690平方米。科学中心内设有先进的教学仪器和硬件设备,让学生有机会"触摸"科技时代的前沿,这大概也是该校科学教育名列前茅的重要原因之一。中心内部按照不同的学科分为四个专区,包括生物、化学、物理和多科学,每个专区内设一个可容纳2个班学生的公共实验室,实验室周围有5间教室环绕。学校图书馆藏书26万册,其中包括影印本图书15万册,电子图书10万多册以及音乐类图书6 000多册。

另一所私立精英高中霍奇基斯中学的基础设施建设也不遑多让。从配备数字化教学设备的教室到拥有上万册图书的图书馆,再到具有世界一流水平的科学楼与音乐和艺术中心,精良的教育设备是学校教育教学工作顺利开展的保障。学校建有埃德塞尔·福特纪念图书馆,其丰富的藏书使学生既能追溯历史源泉,又能接触最新的信息和科技。图书馆内有250个小阅读室,收藏了87 000册图书和3 000多本电子书,学生通过馆内的在线查询系统可以轻松找到想要查看的图书、期刊论文、数字图片等。除此之外,该图书馆与世界范围内

---

① 也有一些私立精英高中位于市区。例如,布利尔利中学(Brearley School)、学院中学(Collegiate School)、道尔顿中学(Dalton School)、斯宾塞中学(The Spence School)和三一中学(Trinity School)都是全美著名的私立精英高中,它们坐落在寸土寸金的纽约市曼哈顿区,学校建筑面积并不大。

② 1英亩等于6.06亩,相当于4 046.86平方米。使用"英亩"是遵循英语用语习惯。

的4万多个图书馆建立了合作关系,学生可以通过馆际互借查阅到4 700多万册图书。可以说,霍奇基斯的图书馆的功能及藏书量能够与大学图书馆相媲美。霍奇基斯的主教学楼内设30个大教室,全部安装了由电脑操控的智能白板。格里斯沃尔德科学楼(Griswold Science Building)是学生接触科技前沿的重要场所,也是学校进行科学教育的主阵地。科学楼内的各类空间分别发挥着不同的功能,其中,多功能教室配备了先进的仪器与设备,既可以作为课堂教学与讨论的场所,也可以用作科学实验室,满足了生物、化学、物理和天文学、光学等学科的教学需求;多学科实验室则适用于工程学、地质学、法医学等学科的教学与实验。除此以外,科学楼内还设有配备了电子显微镜及其他高性能显微镜的显微镜室,以及可容纳115人的具有高级视听设备的演讲厅。沃森计算机中心是学校智能化教学的"技术担当"。该中心配有苹果电脑、黑白及彩色激光打印机以及其他音乐和美术教学的设备等。此外,学校的艺术与表演设备也十分豪华,音乐中心有配备了法奇奥里钢琴(Fazioli)的表演厅、录音棚以及数字音乐实验室等。[1]

相比之下,本书提及的另两类精英高中一般建址在市区。与私立精英高中相比,作为公立高中的州长学校和特色高中在学校建筑面积以及校园环境方面较为逊色。一些州长学校甚至没有独立的校舍,而是借用大学校园作为校址。究其原因,公立高中大多建址于市内,必然受到城市建筑面积狭小的局限;另外,教育当局不可能允许这些由公共资金兴办的高中在学校基建设施上过于奢侈。然而,有些公立精英高中借助社会捐赠和校友捐赠等渠道进行资金筹措,其基础设施建设也毫不逊色。

以州长学校伊利诺伊数理学院为例。学校自诩"教育实验室",致力于进行教学技术的实验与改革。充分利用高校和科研机构的教育资源是该校的一大特色。每个星期三是学校的"研究日",大部分学生会前往该州的研究型大学,如芝加哥大学、西北大学、伊利诺伊理工大学、伊利诺伊大学芝加哥分校等,小部分学生则前往科技创业孵化园。在这些机构中,学生不仅可以跟着专家们学

---

[1] http://www.hotchkiss.org/academics/academic-resources/index.aspx.

习、搞研究,还可以利用其中的实验设备、仪器和大量文献资源。

(二) 先进的信息技术资源

进入 21 世纪,信息技术革命引发了世界范围内各个领域的革新,并影响着人们生活的方方面面。毫无例外,教育领域也受到信息技术的强烈冲击,出现翻天覆地的变化。一方面,信息技术的普及让更多的人能够随时随地接受教育,受时间和地点制约的正规化教育(学校教育),不再是学生接受教育的唯一途径。另一方面,信息技术也改革了学校的教育教学方式。在这一背景下,美国精英高中与时俱进,开展学校信息化建设,积极将信息技术融入学校课堂教学之中。即便是以"传承"经典人文教育为使命的私立精英高中,也利用科技"武装"学校,不断完善学校的信息与技术服务。

以希尔中学为例。希尔中学是美国古老的私立精英高中之一,其在沿袭经典教育传统的同时,也制订了新锐的教学计划。从历史到科学,希尔中学所有学科的教师都将科技整合到课程之中。教室里大多配备了电脑和投影仪,借助信息技术,教师们为学生创造了连接世界的"数字化空间"。一些教师要求学生将电脑带进课堂,作为课堂讨论、演讲、课程作业或研究的重要工具。希尔中学的两个技术创新实验室——麦基尔文多媒体学习教室(Mcllvain Multimedia Learning Classroom)以及里恩图书馆科技实验室(Ryan Library Technology Lab),更是为学生提供了多样化、创新性的基于技术的学习环境。希尔中学还重视学校的网络数据库建设。该校图书馆订购了 30 多个网络研究数据库[1],学生随时可以在校内外访问这些数据库,获得想要的资源,涉及历史、科学、文学、艺术和音乐等。同时,借助这些数据库,学生还可访问各类学术期刊,覆盖全部学科。值得一提的是,该校还专门设立信息与技术服务部门,以帮助学校教职工和学生获得所需学习资源和最佳学习体验。

信息技术资源既可以在设备层面"武装"学校,也有助于在教学层面"改革"学校的教学方式。其最直接的体现是远程网络教学的应用。2008 年,北卡罗来

---

[1] http://www.thehill.org.

纳数理高中(NCSSM)成立了网络学习项目(NCSSM Online)。该项目为期两年,仅面向北卡罗来纳州的学生。借助这一项目,该州的高中生可以在就读于当地高中的同时研修 NCSSM 网络课程,参加每周举行的网络直播会议。此外,项目每年都会利用周末时间举办一些封闭式的学习活动。在 NCSSM 教师的指导下,学生可以与同伴一起进行实践学习。即将升入 12 年级时,这些学生还有机会在暑期参加为期一周的夏令营活动。NCSSM 网络项目的开展,很大程度上扩大了优质教育资源的受教育对象,NCSSM 每年注册入学的全日制学生有 680 人,而参加 NCSSM 网络学习项目的学生则高达 730 人。①

(三)丰富的校外教育资源

除了本校雄厚的基础设施建设以及先进的信息技术资源外,丰富的校外教育资源也是美国精英高中成功办学的关键。这些精英高中注重吸引美国国内乃至世界范围内不同领域的优秀专家学者,或是以兼职教师的名义聘请校外人员任职,或是邀请各界专家学者来学校讲座或讲学。同时,这些高中积极与一些大学、科研院所建立联系与合作,为本校的教育教学工作贡献能量。

作为纽约市 9 所特殊高中之一的美国研究高中,坐落于纽约市的雷曼学院,是一所以社会研究、历史和英语为学科特色的公立高中。该校于 2002 年由纽约市教育部建立并负责运营,规模不大,只有约 400 名学生和 28 名教职工,但学校办学特色鲜明,教育质量卓越,特别是学校要求所有学生学习 3 年美国历史。鉴于其以历史教育为特色,美国研究高中与吉尔德·雷曼美国历史研究院建立了广泛的联系,并申请成为该研究院的附属学校之一。位于纽约市的吉尔德·雷曼美国历史研究院一直致力于促进小学到大学不同阶段的美国历史教学工作。在洛克菲勒基金会的资助下,该研究院以"汉密尔顿教育项目"(Hamilton education program)为依托,与纽约、芝加哥、圣地亚哥等城市的高中合作进行历史教育。美国研究高中与吉尔德·雷曼美国历史研究院的合作关系,对中国国内"大学—高中"合作伙伴关系的建立具有借鉴意义。

---

① http://www.ncssm.edu/about-ncssm/fast-facts.

二、教育资源的保障

（一）多途径的经费筹措

办学经费是学校开展教育教学的重要保障。"经济基础决定上层建筑"，没有丰厚的资金作为基础，学校的优质办学缺乏基本保障。

不得不说，高昂的学费是私立精英高中办学资金的重要来源。据统计，私立精英高中每年的学费普遍在 5 万美元以上，一般来说，走读生的学费较低，寄宿生的学费则高一些。例如，2018—2019 学年米尔顿中学有 830 名学生，走读生 497 人，寄宿生 333 人。其中，走读生的学费为 51 460 美元，寄宿生的学费则为 61 920 美元。[①] 除了学费之外，私人捐赠也是学校办学收入的一大来源。学校理事会、校友等通过多种途径向学校提供捐赠，有些学校接受的捐赠颇为可观。如 2013 年菲利普斯埃克斯特学院接受的捐赠占学校经营预算的 51%，甚至超出了学校学费收入。

相比之下，公立精英高中的办学则主要依赖于州教育部或地方教育局的财政拨款。以伊利诺伊数理学院（IMSA）为例，该校每年的生均投入超过 3 万美元，年度财政预算约为 2 200 万美元，其中 1 800 万来自伊利诺伊州州政府，其他来自社会捐助、专项拨款和杂费。2011—2012 学年，该校的全部财政收入为 2 223.1 万美元，其中，州财政拨款占 79%，覆盖了大部分的校园教育项目、教学服务以及许多面向全州开展的教育项目和教学服务；学生参与各类活动项目所缴纳的费用占 11%；各类捐赠的收入占 8%；上一学年的结余占 2%。[②] 值得一提的是其获得的捐赠收入，许多校友通过赞助学校的教育项目、设立奖学金等途径，为学校各类教育教学活动的开展提供资金。"众人拾柴火焰高"，学校设立"IMSA 教育改进项目基金会"，专门负责接收和管理校友及其他社会人士的

---

① The Milton Academy Quick Facts. https://www.milton.edu/about/quick-facts.
② https://www.imsa.edu/giving/donor/annualreports.

捐赠资金。同样,对于其他公立精英高中而言,各类捐赠成为其办学经费的重要来源。

与私立精英高中拥有学费这一固定收入不同,公立精英高中,特别是州长学校,还可能面临办学资金紧张的难题。事实上,许多学校都曾经或正在遭遇财政危机。由于得到倡导者和拥护者的庇护,州长学校这一类办学实体依然存在,但其借助公共税收办学却只为资优高中生提供优质教育服务的做法,引发了许多社会争议。特别是在当前美国绩效制"大行其道"的背景下,许多学区把主要精力用于问题学生和社会不利地位学生的教学工作,服务于英才学生的州长学校的办学经费捉襟见肘。在这种情况下,州长学校不得不将如何吸纳充足的办学资金作为学校发展的重要目标。如,北卡罗来纳数理高中制定的《2012—2017 年战略规划》中第一条就涉及财政方面,即在保证具有实现学校使命与目标的可持续利用资源的同时,使资金的来源扩大并多样化。这一策略关注借助多重融资渠道,包括州财政投入、私人捐赠以及学校产业与服务,增加学校的资金支持。具体措施包括:(1)接受该州大约 150 万美金的资助来开设远程教育项目;(2)继续宣传学校的捐赠文化,在未来 5 年内吸引 130 万美元的私人捐赠;(3)增加学校产业及服务的收益,用于支持学校的教育教学;(4)建立绿色校园,实现校园资源的可持续利用。[1]

(二) 搭建教育共享平台

美国精英高中的发展离不开多方资源的保障,其中不可忽视的一个方面是,精英高中吸引教育领域、科学领域与商业领域等的跨界合作。州长学校的成立与发展,尤其体现了这一点。

首先,州长学校的成立是多方面通力合作的结果。第二章提到,最早成立的州长学校之一———北卡罗来纳数理高中,是在时任州长詹姆斯·亨特、杜克大学校长特里·桑福德和学者约翰·埃勒三人的共同商讨下成立的。其他州

---

[1] http://www.ncssm.edu/strategic-plan/home/strategic-initiatives/strategic-initiative-1. 2015-01-30.

长学校的成立也无一例外地离不开州长和州议员的大力支持。

其次,州长学校的发展依托于社会各界的合作。仍然以北卡罗来纳数理高中为例,学校注重与外界的合作,搭建教育共享平台,为学校的发展提供各种资源。此外,该校积极争取与大学的合作,北卡罗来纳州的十多所大学都与其签有合作协议。

再者,州长学校自身也积极为促进美国高中的发展作出贡献。"全美STEM高中联盟"是由美国国内100多所致力于科学、技术、工程、数学教育的高中组成的学校联盟。而美国为数不多的十多所州长学校,在这一联盟的建立与发展中发挥着引领作用。作为美国乃至世界范围内中学数学和科学教育领域的领军者,伊利诺伊数理学院积极参与STEM高中联盟的创建与发展工作。同时,它还开设一些教师培训讲座,为全国和海外的教师提供专业发展机会;该校的教职工与学生积极参与国内重要的研讨会,并受邀出席大量国内及国际会议。基于此,伊利诺伊数理学院成为许多美国高中乃至国际高中学习的榜样。

(三) 社会网络的支持

美国高中教育的发展从来不局限于学校教育,各种社会力量为其提供了重要的服务与资金支持。包括企业、民间组织、非政府组织、大学等在内的社会机构都是实施高中教育的重要力量,它们共同构成了支持性的社会网络。这些社会机构的支持首先体现在经费方面,即为精英高中的发展提供经费支持。上文已经提及,精英高中的办学经费有很大一部分来自校友、学生家长以及其他社会机构的捐赠。其次是能力支持。许多企业和其他机构的社会人士积极参与精英高中的教育教学。他们或为学生开设不同主题的讲座,或以兼职导师的身份指导学生的学习和实验,贡献出个人的聪明才智与丰富的从业经验。再者是教育服务支持。在精英高中的正规化教学之外,一些社会机构开展的高中教育服务,往往能够打破时间、地域和学习年限等学制上的限制,为所有愿意接受高中教育的学生提供教育服务,成为正规学校教育的有益补充。

对于我国而言,比了解这些社会网络的构成更重要的,是讨论这样的社会支持网络为何得以在美国建立。这首先源于美国自建国以来就形成的重视教育与人才培养的文化。追溯美国的历史,从华盛顿等建国元勋到之后的里根和布什等总统,从早期的洛克菲勒、卡耐基到现在的比尔·盖茨、扎克·伯格等,一代代的政治家、企业家和慈善家都捐资助学,通过支持教育来推动美国社会的发展。教育是国家的未来,教育也是社会中每个人应尽的义务和责任,这是所有美国人的共识。另外,企业资助教育事业的制度保障是联邦政府对企业慈善捐赠和赞助的减税政策,使得企业即使没有意愿也有支持教育的动力。

同时,美国"民间团体"的自组织能力是社会教育网络得以形成的能力保障。如全美 STEM 高中联盟正是美国国内多所 STEM 高中学校团结起来,与其他有志于推动本国高中 STEM 教育革新的高校、暑期学校、基金会、公司等共同建立的。与此同时,社会力量的广泛支持为这些精英高中的发展提供了群众基础。在当前美国联邦政府重视教育公平、关注处于不利地位群体的政策形势下,这些高中由于校友以及从学校中获益的学生家长和所在社区的热情支持,依然能坚持"精英"的办学模式。另外,互联网与信息通信技术的发展,也为社会支持提供了技术保障。信息技术的应用革新了传统教育,模糊了"正规"学校教育与"非正规"教育的边界,使得教育的开展不再局限于固定的场所("学校")与固定的时间("学时")。互联网和信息通信技术为社会力量渗入教育服务领域提供了平台。

三、教育资源的重要性

(一)扩大教育资源,使更多人受益

对于美国精英高中来说,一流的教育基础设施、先进的信息技术资源以及丰富的校外资源,极大地扩展了学校可利用的教育教学资源。特别是信息技术在教学中的应用。学校各类先进的科技设施设备,与世界范围内的各大图书馆、网络中心建立连接,使得学生不出校门就能接触到丰富的大容量的教育资源,全世界的信息都"唾手可得"。同时,借助互联网平台开展的远程教学,利用其随时随地即可学习的优势,让更多的学生能够享受到美国精英高中的优质教

育资源,弥补了许多精英高中可容纳在校生数量有限的不足,千千万万的高中学生从中受益(如上文提到的 NCSSM 网络学习项目)。

(二) 提升教学水平,提供更多教学可能性

信息技术的应用,在扩大学校教育教学资源的同时,还有助于教师提升自己的教学水平,改进教学方法,提供更多的教学可能性。例如翻转课堂的运用。另外,在学生评价方法上,一些学校抛弃了传统的使用一纸成绩单来评价学生的方法,改为使用网络化的学生信息服务系统。如伊利诺伊数理学院开发了学生信息系统"力量学校"(Power School),这一系统记录着所有学生的学业等级与出勤率,教师、学生和家长随时都可以通过一键登录来访问这些信息。[1] (关于信息技术和教育技术的应用,可参见陈、周、戴,2013[2])

四、讨论和小结

总结上文,美国精英高中的教育资源大概可以分为四个方面:学校基础设施(包括教学楼、图书馆、实验室及相关设备等)、课程资源和教师资源(第六、七章已经分别提及)、信息资源和技术资源(包括数据库、技术平台等)、政策支持和社会支持(包括政府、大学、科研院所等)。在这四方面资源中,基础设施以及课程资源和教师资源是学校教育教学工作正常开展的前提与质量保障,同时,课程资源和教师资源还是决定学校可持续发展的最重要条件;信息资源和技术资源是创新教育教学方式、提高教育质量的影响因素;而政策支持和社会支持则是保障学校教育教学工作的重要外部资源与后备力量。总之,正是因为具备了这些充足且丰富的教育资源,美国精英高中才得以培养出一批又一批的精英人才。

---

[1] Illinois Mathematics and Science Academy Campus Resources. https://www. imsa. edu/ services/resources.

[2] 陈婧萍,周晔晗,戴耘. 加强、提高、转型: 教育技术如何改变英才教育. 载于戴耘,蔡金法主编(2013). 英才教育在美国. 杭州: 浙江教育出版社,116 - 139.

第九章　学校的软环境与学生的自主发展

如果说前面几章所述的行政管理、课程设置和基础设施属于学校的"硬环境"的话,那么本章的重点就是学校的"软环境",即由目标、价值、氛围、态度、气质构成的一种校园文化生态。也就是说,我们在前几章强调的是那些显著的学校教学环境的建设,而本章注重的是那些渗透在学校生活细节中的学习、成长氛围。如果说前者是实现学校目标的政策、人才、技术和物质方面的保证,那么后者就是文化和价值层面的保证。精英学校的特色,决定了它们在学生学习成长方面负有更重要的使命。首先是培养学生的服务精神和领导力,其次是培养学生的个人兴趣和团队合作能力,再次是帮助学生进行积极心理建设,着手未来规划。私立精英高中和公立精英高中在个人修养方面虽然侧重有所不同,但在不唯分数、注重学生内修这点上是一致的。下面,我们就从三个方面入手,对美国精英高中的一些做法进行介绍。

一、培养服务精神与领导力的活动

关于培养服务精神和领导力的活动,最显著的莫过于在美国精英高中普遍存在的由学生主办刊物。虽说学校内学生自主创办刊物不是什么新鲜事,国内高中也有类似的做法,但是,二者之间存在明显的差异。首先,国内高中校园很少有较为正规的出版物,很多学校充其量只是拥有自己的校报而已。其次,刊物的种类相对单一,少有针对不同专业所创办的刊物。再次,国内的高中往往把升学率看作一等一的事情,学生其他方面的发展,包括领导力,都属于次要目标。因此,无论是在质量上还是在数量上,美国精英高中的成绩和努力都很值得我们关注。下面就简要列举一些实例。

位于美国纽约市的布朗克斯科学高中从建校伊始就非常注重培养学生这方面才能。时至今日,学校的学生俱乐部列表①已经是种类繁多。其中,和出版物有关的就有四类,比如说文艺类的《艺术萌芽》(Arts Feed)、文学类的《发电机文学杂志》(Dynamo Literary Magazine)、科学类的《科学博览》(Exposition)以及生物类的《生物学刊》(Journal of Biology)。更为重要的是,所有的俱乐部都有指定负责人,他们会安排定期的见面会来商讨一些事宜。这样做无疑对学生的成长有着巨大的帮助。另外,该校的学生刊物《科学调查》(The Science Survey)还是一个明星刊物②。它从建校伊始就开始创办,可以说是历史悠久了。该刊物的最大特点就是所有步骤完全由学生自主完成,包括最初的规划、研究,到写稿、编辑,再到最后的排版设计和印刷工作。该刊物现在是两个月发行一期,提供纸质和网络两种版本。在这一过程中,学生的自主能力和诸多其他方面的能力能够得到很大程度的锻炼。

同样位于纽约市,比布朗克斯科学高中建校还要早三十多年的史岱文森高中在这方面的表现更加突出。学校按照其主要的专业设置来创办不同的学生刊物或者是发表平台。比如说,学校的物理和化学专业共同拥有两本年刊《核》(Nucleus)和《σ》③(Sigma)④。《核》是完全由学生自主创办的杂志,主要关注物理和化学界的主流事件和近期的发展状况;《σ》则更加倾向于学生的研究成果,学生在该刊的投稿还可去参加"英特尔科学人才搜索计划"以及其他一些高端的科学研讨会。学校的社会研究专业也有他们自己的发表平台,比如"史岱文森的美国初级政治家"(Stuyvesant's Junior Statesmen of America)。该校最值得一提的是学生自主创办的一个综合类网站平台"观察者"(The

① http://bxscience. edu/apps/pages/index. jsp? uREC_ID = 77762&type = d&termREC_ID = &pREC_ID = 277599.

② https://issuu. com/bxsciencesurvey.

③ σ是希腊字母表的第十八个字母。

④ http://stuy. enschool. org/apps/pages/index. jsp? uREC_ID = 126654&type = d&termREC _ID = &pREC_ID = 364055.

Spectator)。乍一看,它很像一个门户网站,因为它包含的板块确实很丰富。不仅有新闻、大众观点评论、幽默专栏,还有运动、媒体等栏目。如此丰富的设置让人很难想象它是完全由学生来设计和维护的。当然,学校并不满足于此,更多的网站和俱乐部正在筹建中。例如为喜爱科幻小说的学生们搭建的"心宿二"(Antares)①平台和科技研究俱乐部"星球"(Star)②就在日渐丰富和完善中。由此我们不难看出,学校提供的这些"软环境"也是左右优异学生选择该校的一个重要砝码。

然而,美国精英高中对学生们服务精神和领导力的培养和锻造却不仅仅局限于此。美国一些精英高中的社团、协会等也是其重要的组成部分。史岱文森高中的精英组织"芒"(ARISTA)就是一个典型的例证。该组织成立于1910年,旨在培养学生在道德品格、学术品格、领导才能以及社区服务等四方面的能力,这也被称为该组织的四大支柱。其执行委员会由主席、副主席以及三名分管活动与服务、课业与交流的副主席组成。该组织致力于为社区、学校以及学生的身心提供一系列重要而有帮助的项目。一旦入选,成员每个月都需要完成10个学分的社区服务工作,同时需要在上述四个方面全面发展、表现出众。此外,成员们还要对低年级的同学进行学习指导、写作培训等。"芒"组织成员的选拔是非常严格的。首先,这个组织只招收11年级和12年级的学生。其次,所有申请人的学业成绩平均分需要达到93分以上。最后,成员的选拔还需要详细审核成绩单、课外活动参与情况、社区志愿者活动参与活动情况以及两篇小论文③。看似苛刻的要求实则是出于对学生长远发展的考量。对比国内很多活动社团只看重学生学业成绩或兴趣爱好的做法,我们需要反思的方面还有很多。学生的全面发展才是其未来走向工作岗位的稳定基石。

伊利诺伊数理学院在这方面也是独树一帜。正如学校的信条所说,"来自社区就要为社区作贡献、谋福利",各式各样的社区服务让学生们有机会接触到社区组织、工会等。学校要求所有学生每年完成100个小时的社区服务,有些

---

① http://antares-stuy.com.

② http://stuystars.weebly.com.

③ http://stuy.enschool.org/apps/pages/index.jsp?uREC_ID=222868&type=d.

和学业还有直接关系,如环境问题、健康问题、贫困问题、老人问题等。学校认为这些社区活动是对课堂知识的拓展,让学生有机会把学到的书本知识应用到实践中去①。学校坚信,通过这些活动,学生可以认识到一些决策的产生会给社区带来实实在在的影响,因而更加独立地成长,尊重同伴,加强公民服务意识。更重要的是,社区活动有利于培养学生的领导意识,比如如何发起一些活动,如何解决一些实际问题,如何配合同伴形成默契合作意识,如何在工作中帮助他人等等。

在和一些学生领袖的交谈中,笔者对他们的神态的从容、谈吐的得体、思维的清晰有很深的印象,究其原因,这和他们担任各种领导职位,需要作各种社会沟通,表达独立见解有关。而这些方面的能力,很难在学科考试中得到锻炼和表现。虽然这种能力的发展很难作量化的评估,但对学生将来的发展却有着不可估量的影响。

二、各种课外社团活动

美国高中的一个鲜明特色是给学生许多选择,不仅课程本身实行学分制,而且在课外开展各种以学生为主体的社团活动,为学生提供各种自我发展机会。让学生自主倡导和发起一些活动,不仅丰富了学生的生活,使学生能够探索个人兴趣,而且提高了学生的独立生活能力、自主学习能力和社会交往能力。这样的特色在精英高中往往有更加突出的体现,因为精英高中的学生更加多才多艺,而且有更强烈的自主学习、自我探索的意愿。

总体而言,美国精英高中的社团可以根据活动内容进行分类。首先是学术类的社团组织。不管是偏向理工类的高中,还是倾向人文类的高中,发挥学生的强项都是重中之重。史岱文森高中以学术活动为主的社团组织达一百多个。社团的名称也是花样百出,比如有的叫"数学指导俱乐部"(Math Tutoring Club),有的叫"史岱文森女生代码"(Girls Who Code @Stuy)。作为学校传统

---

① https://www.imsa.edu/studentlife/service.

强项之一的数学系则有着非常丰富的暑期项目供学生参加。比如说该系的"科学研究院"（Research Science Institute，RSI）暑期项目就非常具有挑战性。每年暑假，经过层层选拔后的佼佼者们可以去参加位于麻省理工学院的为期6周的夏令营，深入探讨数学、工程学等相关的话题。布朗克斯科学高中设有太空知识俱乐部、工程学俱乐部、科学奥林匹克俱乐部等学术社团。作为主打人文类的高中，布鲁克林拉丁学校的学生则可以参加苏格拉底研讨会以及学习辩论术。

其次是文化、艺术类的社团组织。仍然以史岱文森高中为例，浓重的科技氛围并不影响学生的多面发展。截至2016—2017学年，该校文艺和手工艺类的大大小小社团有15个。有趣的是，有些来自中国的学生还开启了缝纫俱乐部。该校的文化类社团也有十几个之多，有的研究美国的流行文化，有的研究穆斯林文化，有的研究韩国的语言和文化，还有的研究一些经典电影等等。布朗克斯科学高中在这方面也是异常丰富，希腊文化、日本文化、犹太文化、中国武术、现代舞蹈……多样化的社团体现了学生取向的多样性。

再次是体育类的社团组织。美国文化中对体育的重视程度非同一般。在学业任务如此繁重的美国精英高中，学生依然踊跃参加各类体育类的社团。比如史岱文森高中，在紧张的学习任务之下，学生们依然组建了各种各样的体育类社团，如羽毛球、围棋、乒乓球、自行车、排球等等，甚至每个社团都有自己的教练团。体育有健身的好处，但参与体育社团的意义远远超过健身。体育活动对人多方面的历练不可小视，比如，增强竞争意识和磨砺意志，增强团队合作精神，甚至是学习生存之道、成功之道，许多学生通过体育增强了自信心和进取心。

最后是兴趣爱好类的社团组织。在精英高中，学生可以灵活地发展自己的兴趣爱好。比如说有的同学喜欢音乐，喜欢把玩乐器，看音乐剧，把音乐作为一种减压的方式；有的同学喜欢写作，不管是诗歌，还是小说；还有的同学喜欢演讲和辩论,想锻炼自己的口才等等。例如,布朗克斯科学高中的兴趣爱好社团①种类繁多,有读书俱乐部、哈利·波特俱乐部、日本动漫俱乐部、科幻俱乐部等等。如此丰富的社团组织能够让学生们在紧张的学习之外找到适宜自己的那份乐土。

以上四类社团组织是我们了解精英高中的一个小窗口,这些课外活动对学生成长的意义,丝毫不亚于课堂学习。首先,林林总总的社团组织在一定程度上满足了大多数人的需求。不管你有什么样的兴趣爱好,都能在这里找到适合自己发展的途径,甚至你可以自行创建一个俱乐部来招揽同学们参加。在这个过程中,学生的能力无疑得到了很大的锻炼。其次,兴趣的发掘与发展、视野的丰富为学生走向社会打下了一个很好的基础。参与社团活动有利于学生尽早发现自己的才能。在布朗克斯科学高中,学生们自导自演的话剧、音乐剧,无疑对很多学生兴趣的发展起到了很大的推动作用,有些可能发现了自己的设计才能,有些可能表现出管理的天赋或组织能力。社会需要多方面的人才,只有让学生们尽早接触到各种任务、环境,才能为他们的将来打下一个良好的基础。

和中国高中的学业压力相比,美国精英高中毫不逊色。但学生们依然会在课外活动上投入相当多的时间。这和美国校园文化的多元价值有关。没有谁愿意仅仅为了提高分数而牺牲其他方面的发展。这也和美国大学的录取标准有关。美国精英高中的学生同样会拼"名校",同样会"爬藤"(竞争常青藤大学的名额),但和中国的高考"独木桥"不同,美国高中生的路线是"八仙过海,各显神通"。和国内名校抢状元的情况不同,在美国,学生要想进入名牌大学,单靠SAT 或 ACT 高分没有很大优势,而是必须最大限度地发挥特长,在某方面有突出表现。有时,课外功夫比课内功夫重要,课外活动所积累的个人优势可能成为报考名校的重要资本。这种"良性循环"不仅避免了拼分数的恶性竞争,也促成了美国精英高中能够持续培养学业突出而人格健全的精英人才的学校

---

① http://bxscience.edu/apps/pages/index.jsp?uREC_ID=77762&type=d&termREC_ID=&pREC_ID=277599.

氛围。

上述描述可能会使读者产生一个误解：美国精英高中似乎很宽松，所以学生应该也很轻松。其实不然。事实上，这些高中生既要在各方面出类拔萃，又要满足学业的基本要求，时间上是很紧张的，尤其是大城市的特殊高中的学生，和州长学校或私立精英高中的学生不同，他们都是走读生，每天在路上还要花不少时间。如果再考虑他们修习的许多课程比一般课程更富挑战性（比如要求做项目、写论文），且每个人平均还要参加两三个社团活动，参与社区服务，就可以想见他们的生活是非常忙碌的。那么，他们为什么还乐于参加这些社团活动呢？这恰恰是学生自主选择和自主发展带来的好处：在精英学校里，人人都不甘落后。可以说，各种课外活动不仅补充了课内无法提供的教育实践和体验，而且在学生个人成长过程中发挥着至关重要的作用。

三、学生发展、心理健康建设、生涯指导等学校服务体系

繁重的学业、各式各样的社团活动会让学生的生活变得充实，但是，也会导致学生产生焦虑、迷茫、抑郁等心理问题。很多方面学生还需要去适应，还需要专业的指导。因此，和其他高中一样，美国的精英高中配有完备的心理和生涯辅导体系。下面，我们从学生发展、心理健康建设和生涯指导三个方面作一简要介绍。

学生发展是精英高中最为重视的一个方面。在整个高中期间，心理和生涯辅导老师会主动与学生见面，讨论高中适应、时间管理、学习技能、生涯探索、毕业要求和升学准备等问题。此外，学校还要求学生每学年末与辅导老师回顾过去一年的学习情况并为下一学年的学习做规划。布朗克斯科学高中专设大学升学办公室（College Office）[1]，史岱文森高中设有学生指导部（Guidance Department）[2]，它们的任务就是帮助每一个学生在学业、社会与心理层面获得

---

[1] http://bxscience. edu/apps/pages/index. jsp? uREC_ID=41056&type=d.
[2] http://stuy. enschool. org/apps/pages/index. jsp? uREC_ID=126958&type=d.

健康发展,通过与学生、家长、教职工进行有效沟通,把指导的培训计划融入学校的教学计划中去。

心理健康建设也是精英高中着重关心的一个问题。由于精英高中学业竞争激烈,社会交往、课外活动占据了大量时间,学生可能出现焦虑、自我价值感低落、迷失方向等心理问题。因此,这些高中的学生指导办公室等部门会为学生提供学业和心理指导。如伊利诺伊数理学院的心理咨询服务①。为了更好地让这些精英学生适应本校的学习与生活,学校特别重视他们的心理与社会需求。学校会发现并扫除学生们的个人发展障碍以及其他一些可能会影响学习的问题。布朗克斯科学高中在这方面做得很好。学校不仅提供一些一般的预防性措施,如对个人失去珍贵事物(personal loss)的辅导预案(见本章附录),还设有专门的家长协会②,让家长参与对学生的关爱。布鲁克林科技高中的"火花"(SPARK)项目旨在帮助学生应对年轻人所面临的各种困难问题。如通过进行团体或个人咨询以及为学生提供课堂讲座和积极的选择,使学生掌握抵制毒品和酒精的必备技能,尽可能正面地应对家庭问题、旷课问题、学习问题、自尊心缺乏或自我认知水平低问题、交友问题。

美国精英高中的学生除了要应对本校严苛的毕业要求,还要审慎地选择自己人生的下一步。因此,很多学校都设有相应的生涯指导,小到指导学生们选择适合自己的大学和专业,大到给予学生们未来职业道路的规划。同样还是以布朗克斯科学高中的大学升学办公室为例,该办公室的工作有专门的大学升学过程(College Process)。在这个过程中,指导老师们会引领学生了解进入大学的方方面面,比如如何选择自己心仪的大学,大学的申请过程是什么样的,以及如何确定自己最终的去向。老师们希望通过这样独立的指导让学生们充分发挥自己的才能与天赋,在大学的校园里继续绽放光彩。除此之外,该校还聘请了两位大学教师给师生们进行更加深入、详细的介绍。伊利诺伊数理学院也有着类似的做法,叫作"升学和学业辅导"(College and Academic Counseling)③。

---

① https://www.imsa.edu/studentlife/counselingservices.

② http://bxsciencepa.org.

③ https://www.imsa.edu/academics/CAC.

不仅提供对升学考试的介绍,还提供大学规划信息(College Planning Information)和大学入学在线研讨会(Academic and College Admissions Webinars)。比如近期举行的一个在线研讨会就是围绕大学入学注意事项(College Admissions 101)进行的。

四、讨论和小结

"软环境"包含了一个学校的文化内涵和精神气质。精英高中之"精英"并不在于学生的出生门第,而在于学校对培养怎样的人的期许和努力。本章从侧面,展示了学生课外生活的丰富性和多样性。我们可以套用"功夫在诗外"这句熟语,用"功夫在课堂外"来形容这种教学之外的潜移默化的校园文化力量。具体来说,学生的自我成长往往来源于学生的种种自主经历,学生从中锻炼了自己的生存能力、自我管理能力、领导力、沟通能力与合作能力,发现了自己的特长,增强了自信。需要强调的是,作为教育成果,这些能力难以被量化评估。但如果因此忽视这方面能力的培养,就会导致"灯下黑"的教育盲点。

在谈到学生生活时,不得不提及的是,美国的公立选拔性高中普遍存在亚裔学生占很大比例的现象。比如纽约市的几所特殊高中,亚裔学生的比例为50%到70%不等,而纽约市亚裔人口只占总人口的12%左右。亚裔学生所带来的是不同文化的教育理念和价值,其中有许多积极的东西,如父母对子女教育的高度参与,勤奋好学,成绩优秀。根据笔者统计,2014 至 2016 年间,在近两千名参赛者的"英特尔科学人才搜索"项目中脱颖而出,入围最后四十强(finalists)的学生中,亚裔学生占比 40%左右。在 2017 年的"Regeneron 科学人才搜索"[①]项目中,300 名入围者中有三分之一为华裔学生;最后入围决赛的 40 人中也有 12 人为华裔,差不多占三成。同时,亚裔学生过分注重分数,学习不够主动,视野不够开阔,缺乏鲜明特长和兴趣的现象也比较普遍。这同样成为

---

① Regeneron 是美国医药技术公司,2017 年接手"科学人才搜索"(STS)项目,2017 年结果参见 https://student. societyforscience. org/regeneron-sts.

校园"软环境"的一部分。

附录：心理健康辅导案例："应对悲伤和失去"

什么是悲伤？

悲伤是人们对于失去某人或某物的一种情感表达。任何人都会经历这种悲伤感和失去感，无论是突发的事件还是那种可以预见的事件，只是每个人所经历的感觉各有不同。悲伤本身是一种失去时的自然反应。每个人都可以有很多种应对失去的方式。有一些是良性的应对机制，有一些则会中止悲伤的情绪过程。我们很有必要意识到不回避悲伤的情绪反而会促进心理治疗的过程。时间会让我们逐渐淡忘悲伤感，来自他人的帮助也会逐渐抚慰悲伤的心理，这些都给了我们合适的时机来缅怀失去。

如何应对悲伤：

○ 给予时间，让自己慢慢体会自己的思绪和情感。

○ 承认并接受所有积极的、消极的情感。

○ 对知心朋友吐露心声。

○ 大胆地表达自己的情感，痛哭也是一种宣泄。

○ 如果在心理治疗的过程中难以承受，及时寻求专业帮助。

○ 和家人谈谈心会让你的情绪有所舒缓；思念某个人也能帮你恢复心情。

○ 朋友们也是一剂良药，和关心你的朋友谈谈心，朋友们会让你恢复元气。

○ 如果你有宗教信仰，那么让那些令人宽慰的信条助你一臂之力吧。

○ 和你的心理咨询师或者其他心理专家谈谈。

面对失去时的一般反应：

每个人在面对失去的时候都会有不同的表达方式，没有哪两个人会完全一样。虽然悲伤有不同的阶段,但却不是我们应对失去的特定方式。相反,这些阶段反映出每个人在应对失去所带来的影响时的一系列不同的反应。经历并接受所有的情感依然是心理治疗过程中一个非常重要的部分。

- **否认,麻木,震惊**
  - 这些会让你减少经历失去时的痛苦。
  - 麻木是对突然失去的一种正常反应,需要和"漠不关心"区分开。
  - 否认和难以置信会随着个人逐渐接受失去而逐渐褪去。
- **思忧**
  - 有时候人们会思索怎样做可以避免失去。
  - 有时候人们会执着于什么方式会让事情变得更好,思考着种种可能。
  - 这种方式会让人重新审视失去的影响,但是如果使用不当,强烈的负罪感反而会阻碍心理治疗的过程。
- **沮丧**
  - 在经历了真切的失去后,一些人会表现出失望、沮丧的情绪。
  - 比如说失眠、食欲不振、无精打采、哭哭啼啼等常见的症状。
  - 也会出现诸如落寞感、空虚感、孤立感和自我怜悯的感觉。
  - 然而对于大多数人来说,这个阶段确是人生成长过程中的必经阶段。
- **愤怒**
  - 这种反应通常是在感到失落无助时发生的。
  - 当失去亲人时,一种被遗弃的感觉也会让人们感到愤怒。
  - 愤怒也会来自自己的上司,或者生活中所遇到的不公。
  - 当人们感觉到愤怒时,也会随之出现一种因为自己发怒而带来的罪恶感。
  - 总之,这些情绪也是很正常的,应该被视为解决悲伤的一种途径。
- **接受**
  - 时间会让人慢慢地去溶解一切浮现的不好情感。

○ 悲伤的过程也会让人成长，因为勇敢地面对失去也是人生的一部分。

○ 有些人会回到自己之前有过的情感。

○ 悲伤的周期因人而异，每个人都应该了解自己的心理恢复过程。

● **一些阻碍心理恢复的因素**

○ 避而不谈或者是极力淡化个人的情感。

○ 借酒浇愁，或者用药物来麻痹自己。

○ 疯狂地工作借以规避自己的情感。

第十章　中国重点高中转型中的问题和突破：
　　　　美国精英高中的启示

　　从历史上为精英大学输送学生的私立预备学校，到最近数十年发展起来的州长学校，美国精英高中已经有两百多年的历史。我们在前面几章对美国精英高中的组织架构与行政管理、招生选拔、课程与教学、教师发展、教育资源和软环境等方面分别作了描述，旨在总结分析美国的经验以期对中国的办学产生借鉴意义。当今中国的学校、家长以及社会日益关注如下问题：高中教育如何超越应试教育而以培养人才为主？如何将高中教育提升到一个新水平？有些家长选择直接送子女去美国精英高中就读，虽然其中原因很多，但中国高中教育中的某些缺失（如把应试作为教学的中心而忽略了教书育人的本质）是其重要缘由。随着中国社会和经济的长足发展，中国高中的办学思路也在经历深刻转变。在这个过程中，应积极借鉴他人经验，因此，本章从政策导向和办学宗旨、课程与教学、教育资源、精英文化内涵四个方面对此作一些初步的探讨。

一、政策导向和办学宗旨

　　什么是精英教育？为什么需要精英教育？它和普通教育有何不同？这是创办精英高中时需要回答的问题。一般来说，精英教育是在普及教育基础上更高层次的投入，它符合一个国家培养高端人才的需要。因此，它的教育对象必然有一定的择优性，它的教育目标也必然有特殊性，不同于普及教育，它在教育产出上也有特殊的社会期待。上述三个问题是教育决策者需要面对的主要问题。我们在第四章已对这些问题有所说明，这里，我们重点比较美国和中国在这三个问题上的异同，并提出一些政策建议。

（一）卓越和公平问题

选拔性高中的定位必然意味着有限的资源向高端倾斜。在美国，追求卓越的精英价值与要求公平和平等的民主价值，常常处于冲突的状态，以至于约翰·加德纳呼吁不应该为了"平等"而牺牲对卓越的追求。社会学家詹姆斯·科尔曼（James Coleman）于1992年提出了双向选择的问题①：学校能选到它们想要的学生，家长和学生能够进入他们想进的学校。这是美国私立学校以及相当一部分州立大学的传统。但是，高中教育在美国属于义务教育，因此，至少在公立教育系统，由于优质教育资源的总体的稀缺性（"粥少僧多"），公平和平等一直是选拔性高中面临的争议问题。欧洲许多国家都有贵族传统和精英教育传统，所以社会反应相对平和。但美国有其民主传统，所以对属于"少数人"的精英教育尤其敏感。美国种族和社会经济地位不同而导致的机会不均现象，也加剧了选拔人才的政治敏感性。美国解决这一难题的通用做法是实行考虑不同学生的背景的"平权法案"（Affirmative Action），即用政策手段让各种族裔、各种社会阶层的学生都有参与的机会。但这样的政策也存在潜在的公平问题和违背择优录取原则的问题。

在社会阶层渐趋分化和固化的当今中国，教育资源向高端倾斜已经引起了部分人对社会不公的关切和不满。在中国，对优质教育资源的争夺（择校）比美国和欧洲要强烈乃至惨烈得多。在大部分发达国家，一个读了名牌大学的人的收入未必高于一个技工出身的人，而且大家都能有体面的生活和社会地位。但中国的情况不同，进"好学校"是唯一标准。这种现象的出现，某种程度上是因为家长价值尺度单一，盲目追随社会潮流，认为只有上重点学校才能"改变命运"，而并不考虑什么是最适合自己孩子的学校，更不会认识到孩子们在能力上

① Coleman, J. S. (1992). Some points on choice in education. *Sociology of Education*, 65 (4)。详细讨论见 Finn, C. E. & Hockett, J. A. (2012). *Exam school: inside the American most selective public high schools*. Princeton and Oxford: Princeton University Press.

的个体差异。如何缓解这个矛盾,同时满足社会对高端人才教育的需求,需要决策者提供更加有说服力的精英高中的办学宗旨和意义,而不是回避问题,或因噎废食。

首先应该看到,普通高中学生的分流和分化本身是一个不争的事实。教育政策制定者应该强调择优在高端人才教育中的必要性。其次,需要向大众说明虽然高端人才的培养可能需要更多资源,但他们对社会也承担着更大的责任。再次,精英教育需要强化它的高端人才孵化器的功能,而不是确立社会精英地位的功能。同时,需要兼顾各阶层的平等机会,考虑申请者的成长背景和个人潜质的多样性和独特性。但是,最终解决这个问题的关键不在于学校,而在于整个社会。我们需要提供更多元的成功机会,形成更多元、更注重个人选择的价值观,使社会对优质教育资源的竞争(尤其是完全扭曲教育的恶性竞争)得到缓解。在中国精英教育资源不如美国那么富足的情况下,集中资源办一些精英学校还是有必要的。当国力强盛、教育资源足够丰富之后(如接近美国时),应该使精英教育资源辐射更远,分布更均。此外,更多的中国民间资本可以投入这项事业,作为对公立精英教育的必要补充。在这一方面,美国私立精英高中已经有很丰富的积累,值得借鉴(详见第三章对私立精英高中的介绍)。

(二) 学校的培养目标取向问题

精英教育如何定位,是有志于精英教育的教育者必须思考的问题,这一问题涉及学校的发展方向和目标。高中教育阶段究竟是以"升学"为主要目标,还是着眼于学生更长远、更个性化的"生涯"(career)发展,这是一个重要的定位问题。历史地看,美国私立精英高中在美国东北部纷纷崛起的重要原因是早期私立大学(如哈佛、耶鲁)的生源需求(见第三章)。当时高中普及率还很低,所以稀缺的高中教育只有富人能够负担。但进入 20 世纪以后,随着公立的选拔性特殊高中和州长学校的出现,精英学校渐渐带有市民化的倾向,"精英"更多地体现为人才培养的取向,所以精英高中完成了从"精英教育"到"英才教育"的范式更替。总而言之,"生涯"重于"升学"是精英教育的基调。笔者在北卡罗来纳数理高中和伊利诺伊数理学院,都听说了学校毕业生和比尔·盖茨、乔布斯一样大学中途辍学创业的故事,可见这些学生所接受的教育是为了个人的"生涯"发展,而不是为了狭隘的"升学"。

精英高中的另一个定位问题,是专业化和全面发展的关系。从早年的以人文和自由教育为主的私立精英高中到 20 世纪和本世纪以数理和科技为特色的特殊高中和州长学校,既反映了科技精英的彰显,也体现了学校教育更加专业化的取向。不过,需要说明的是,在美国精英高中,即使以数理和科技为特色,也依然具有很完善的人文社会课程,并赋予学生巨大的课程选择空间。这样更有利于个体的优化发展。正因如此,布朗克斯科学高中在以科学工程人才荟萃而著名的同时,也走出了许多新闻和写作方面的人才(如七位普利策奖得主)以及出色的人文社会学者。

中国以数理为主的重点中学和实验班,顺应了中国经济对数理人才的需求。近年来 STEM 教育成为关注焦点,这与美国 20 世纪 80 年代州长学校的崛起类似,只不过时间上相差了 30 年。社会需要专业化的人才,也需要跨领域的开拓者,不应该一刀切。对大部分学校来说,允许文理适度分化,同时强调个性化和全面发展,应是基本策略。重要的是学校应该提供更多选择,在课程安排上达到深度和广度的互补。

美国最近的教育统计数字表明,人文社科专业和科学技术专业的大学毕业生的收入水平,一开始后者有优势,但稍后会被前者追平。人文社科专业的学生为什么有后劲,其中原因很值得思考。通过人文社科专业学习,学生不断积累的是各种"社会设计理念",如自然和人文生存环境、伦理问题、制度架构、存在的价值和意义,而科学技术的强项是解决自然领域的认识突破或前沿技术的实现问题。二者的关系是"道"与"术"的关系。所以,引领社会的创造性工作中,"术"为工具,"道"为根本,不同职业的收入水平反映了这些人才的社会价值。从人才培养的角度看,单纯地进行技术训练,而没有人文的熏陶,培养的人才至多成为技术精英或技术官僚,而无法具有创造性人才应具备的见识、思想和情怀(详见本章后半部分)。大量事实表明,能够引领人类社会发展方向的科技人才,大多具备科技和人文艺术两方面的素质。在人工智能时代,既有技术专长又富有想象力、创造力和批判思维的人将是人工智能最无法取代的人才。

(三）精英高中的效能问题

如何保证学校目标的实现，如何超越单纯的升学率指标，这是中国重点中学的校长和教育主管部门尤为关注的问题。中国的现状是，高考成绩和重点高校录取率，对于重点高中的领导依然是一个绕不过的坎。公立重点高中会有上级管理部门的期待乃至"问责"，以及来自学生家长的压力；私立重点高中则必须面对获得优秀生源的问题。因此，中国的校长都试图在升学率和人才培养之间找到某种平衡。相对来说，美国精英高中的校长没有这方面的压力。纽约市的史岱文森高中前校长张洁告诉我们，因为在美国上不上大学、上什么大学是学生和他们父母的事情，所以上级教育主管部门不会以升学指标作为奖惩标准。

美国精英高中没有升学压力的另一个原因，也是更重要的原因，是美国培养人才从不急功近利，不要求"立竿见影"，并且不以培养一两个"尖子"或出一两个"状元"为目标，而是强调"人才池"（talent pool）的概念，即所有精英学校的学生构成了一个优秀群体。学校的目标是为所有人提供平台和机会，而不是锁定少数人来"重点培养"，其内隐假设是"是金子总会发光"。像纽约市的三大名校那样，大量诺奖得主和院士从这个"人才池"里脱颖而出。例如，1938 年成立的布朗克斯科学高中的校友中，包括 8 位诺贝尔奖得主、29 位美国国家科学院院士、22 位国家工程院院士和 7 位普利策奖得主，可谓群星闪耀。可是我们在与该校校长的交谈中得知，学校从来没有把"早出人才"作为追求目标，也没有刻意挑选"尖子"，更没有规定升学目标（比如，在学校毕业班的大学录取榜单上并没有把被哈佛、耶鲁、普林斯顿、麻省理工等名校录取的学生放在最突出的位置），而是扎实地做好突出"探究和应用"的课程和教学，以及教师队伍建设与校园文化建设。这样做的结果是，毕业时已有许多学生脱颖而出，二三十年后更是结出丰硕成果。根据我们的见闻，中国有些重点高中也采取了同样的措施。总之，我们的建议是，要把学校办成精英学校，必须立足长远，以学校的能力建设、资源建设为主要抓手，不刻意追求短期成果，避免华而不实的做派；重要的是坚持理念，长期探索，用时髦的话说，就是保持战略定力。

二、课程与教学

课程的本质是为学生提供具有连续性和特定领域的学习经验。教学的本质则是实现课程目标的手段、方法。其中，由教师提供不同形式的指导，只是教学的一种方式。课程和教学，在精英教育中的要求显然是着眼于培养高端人才。但既然是精英人才，它又必然包含比专业人才更广的内涵。我们在第六章介绍了美国精英高中的课程与教学。这里，我们将从探究、个性化、学生研究（student research）三个方面，探讨美国精英高中课程教学的精髓，并为中国的高端教育提出可供借鉴的经验。

（一）把探究世界和自我作为安身立命之本

"把探究世界和自我作为安身立命之本"最早是希腊哲学家苏格拉底的座右铭。成为"精英"的基本前提是对与自己个人直接利益无关的问题产生兴趣和关切。所谓求真的精神，从来都是知识精英的本质所在。从这个角度来说，"教育改变命运"这种功利主义教育观和精英教育无关。教学上，美国精英高中强调探究和发现、批判和鉴别在教学中的核心地位。相对于中国哲人"传道、授业、解惑"的教育观，这种求真的教育观更加进取，其核心在于不仅要掌握已知的知识（中国教育古训的要点），更重要的是探索未知，即探究我们现在仍未解决的问题。这决定了精英教育在西方的起点不同于中国，它的教育目标远远超出了对具体知识和技能的熟练掌握，涉及创造性地发现问题、认识问题、解决问题的能力。在这个意义上，整个世界就是一个大课堂。大千世界是探究的对象，如此，才有从天文学到遗传学等所有近代和现代知识。所以，精英教育中的"探究"不能简单视作教学技巧，而要体悟其中的价值内涵。

在美国，从小学到高中的教学过程中会使用体验学习、发现学习、基于问题的学习、基于项目的学习、学生研究等教学方法，其核心正是探究。在探究性教学中，教师的角色是学习的引导者、启发者，而不是"正确"知识的灌输者。学生是真正的学习主体，而教师往往不拘一格，给学生相当大的选择、思考、想象和发挥的空间。当"探究"成为获取知识（即学习）的重要途径时,这就赋予了"学习"不同的含义:学生的探究活动,和科学家、哲学家的探究并无不同。

反观中国的学校教学,教师虽然也会运用诸如"探究"的元素,但未必掌握"探究"的真谛。比如在许多老师的概念中,学习等同于掌握许多知识点（即"已知",而不是"未知"）,老师们唯恐学生"不会",知识掌握"不牢固"、"不熟练",所以习惯于"微观管理"学习,即所谓的"抓落实"。学生熟练掌握了那些"已知",这才叫"学会了",对学生的最高褒奖是"学得扎实"。至于学生是否能举一反三,是否能提出问题,甚至质疑既定结论,是否能发现不同的解释、不同的诠释、不同的可能,则是次要的。长此以往,学生独立思考、形成独立见解的能力就会降低。而美国的学校教学更强调学生主动参与的过程,包括体验、提问、诠释、比较和批判思维。我们经常说学习的过程比结果重要,指的就是,学习的本质是学习如何思考某个领域的现实问题。中国高中的教学特点是收敛,甚至直奔主题（"正确答案"）;美国高中的教学更加发散,好处是思路开阔,而不是单纯地去记忆结论、观点,甚至使用机械的题海战术。中国高中阶段的这种教学特色固然和中国的高考制度有关,但也不可低估中国传统教育观的影响（比如,如何定义"学习的本质",如何评判"什么是好学生"）。

（二）课程标准与个性化

如果仅仅从基本要求（课程标准）上看,美国精英高中的课程（参见第六章）与其他高中的区别并不大。但这只是一种假象,因为课程标准和学分要求代表的是高中毕业的下限。精英高中学生可达到的上限标准,其实比普通高中学生要高得多。也就是说,学有余力者,能得到许多在普通高中得不到的东西。这得益于两点,首先是非常丰富的基础课程、拓展课程和高端研究课程,其次是学生在修课方面拥有选择的自由,也就是说,那些学有余力的学生可以追求上限,选择很多适合自己能力和兴趣的课程。这就保证了学生追求卓越的选择性和个性化。当然,这种选择性和个性化是以走班制作为基本保证的。美国精英高中的这种课程安排可以看作是美国大学的自由教育在高中课程设置上的体现。在有些学校,如布鲁克林科技高中,高年级学生需要确定自己的主修方向

（majors），这本身就很像大学的课程安排。笔者把主修课程安排比喻成"套餐"式的选择模式，确定自己的主修，并在高中最后两年完成套餐安排的课程。此外，学生还可以选择各种自己喜欢的课程，如"电影写作"或者"古典音乐"，这类课程不限专业，笔者把它们比喻作"购物中心"式的选择模式。

在借鉴课程教学的个性化时，中国的教师需要克服两个误区，第一个误区是认为培养精英人才可以像培养体育人才那样进行"强化训练"。事实上，技术领域的人才与知识领域的人才在培养方式上有本质不同。广义的技术领域涉及所有专业技能领域，不仅包括数码技术、电子技术、语言技术之类的传统领域，还包括体育竞技或表演艺术领域。知识领域则涉及从自然科学到社会科学、人文学科以及所有创造设计领域，如工程设计、建筑、城市发展、产品研发，等等。后者需要有宽松的环境和个性化的发展。第二个误区是认为课堂教学比课外的自由探索更重要。我们在第九章介绍了精英高中学生的课外活动，大量事实表明，由课外兴趣驱动的学习更加持久，甚至更加深入。比如，布朗克斯科学高中毕业的一位诺贝尔物理学奖获得者在回忆自己的科学生涯中影响深远的事件时，提到了当年高中同学借给他的一本物理方面的书。可以想象，当年在布朗克斯科学高中"物理学俱乐部"里探讨问题的经历和他最后成为物理学家有直接的关系。这两个误区，和上一节谈到的"学习观"有关。中国文化过于重视"教化"（传道、授业、解惑）的作用，而轻视学习者本身的能动性所能够迸发的创造力。中国的教师应该相信学生在许多地方是自己的老师，给他们一个杠杆，也许他们真能撬动地球。

（三）学生"沉浸式"的研究和个人生涯的形成

在第六章中，我们谈到美国许多精英高中对学生的研究有具体的要求。中国的重点高中里也会有学生参与科研，但美国精英高中把这一学习项目完全制度化了，形成了完整的运作体系和保障机制（比如，从质量监控到后勤支持）。许多学校利用暑假时间让学生进行研究，并且在资源上得到了大学和科研机构的有效协助。更有甚者，如伊利诺伊数理学院，学生的研究贯穿整个学年，将星期三作为"研究日"，停课进行研究。这种制度性的全员参与的学生研究,在中国的重点高中里是非常罕见的。根据笔者的了解,美国精英高中学生从事的研究大多是在大学教授的实验室里进行的,许多学生撰写论文的水平丝毫不亚于硕士研究生。在参观伊利诺伊数理学院时,笔者深为叹息。当中国的许多媒体甚至名牌大学在追逐和标榜"高考状元"时,美国精英高中的高中生们正在默默无闻地探索科技前沿。事实上,如果把科学技术人才的成长看成一场马拉松赛跑的话,这些高中生在高中两三年的时间都能浸润在芝加哥大学、西北大学、伊利诺伊理工大学、伊利诺伊大学(芝加哥分校)和科技创业孵化园等提供的创新前沿文化中,毫不夸张地说,高中毕业时,他们已经把中国的"高考状元"们甩掉了好几条马路。如何让中国的重点高中也能成为这样的人才孵化器呢?除了课程设置上的创新外,还需要有教育资源的支持。这是下一个话题。

三、教育资源

在第八章里,我们重点介绍了美国精英高中教育资源的建设与保障,包括支持高端课程和教学的基础架构(infrastructure)的建设。广义地说,教育资源还应该包括优秀的教师队伍,这在第七章里作了介绍。这里,我们重点谈谈基础设施建设、社会资源利用以及师资力量培养。

(一) 基础设施建设切实为教学目标服务

由于精英教育的特殊性,精英高中往往对学校基础设施有更高的要求。这些要求既可以体现在设备设施上,比如实验条件(如力学实验)、足够的一手资料(如历史课)或计算机软件(如电脑制图、网页设计),又可以体现在学习机会和资源供给的保障体系上,如海外游学或校外实习。高中要想为学生提供高端的学习体验,就需要作"需求评估"(needs assessment)。笔者注意到,中国许多重点高中的硬件设施未必比美国差,但是其他配套设施似乎没能跟上,其问题在于忽略了如何让基础设施建设为教学目标服务。比如,建设先进的实验室是相对容易的事,有钱就能做到;但建设相关的课程体系,招聘或培养能够指导学生从事研究的教师,就不那么容易。另外,有些问题属于管理体制的问题。比如,如果没有走班制和学分制,学生的选择空间就会变得非常狭窄,结果可能使那些本来可以非常宝贵的研究体验、项目学习和实地考察,成为蜻蜓点水的经历,远远达不到预期目标。

(二)充分利用社会资源,建立常态化机制

精英教育中的高端学习项目,如研究课程、师徒制学习模式,几乎无一例外地需要校外资源(包括专家)的支持,尤其是大学资源的支持。虽然中国的重点中学在利用社会资源(如企业、大学、科研机构能够提供的教育资源)办学方面做了很多尝试,许多高中也在建立与大学的合作关系(university-school partnership),但总体上说,这些努力还没有形成机制性的安排,或者说没有建立稳定的社会支持网络。前文提及的"全美STEM高中联盟"(NCSSS),它类似于企业中的行业组织,有自己的常设机构、会刊、年会(包括教师年会和学生研究报告年会),提供了一个有关STEM教育的信息共享、资源协调、实践和技术改进的平台,是社会资源对STEM教育进行支持的常态机制。长期以来,中国的社会事务由政府主导,非政府组织的运作对教育工作者来说是新的经验,新的挑战。同时,大学和企业也需要建立支持基础教育的常态机制,否则,让大学和企业参与基础教育就会缺乏稳定的激励机制。如今,中国大企业越来越关注教育,但是,如何使社会对精英教育形成共识,如何使社会中的各方利益相关者(包括政府、学校、企业、大学、学生家长)实现良性互动并产生长效的合作机制,这些问题仍有待进一步探讨。美国在这一方面提供了不少经验。比如,政府主要负责提供政策导向(比如发布白皮书),并不直接参与这些组织的建立和运作。"全美STEM高中联盟"就是由几所精英高中率先牵头成立,然后其他学校和组织陆续加盟,最后逐渐形成规模的。大企业都有相当规模的教育预算,保证了企业对教育投入的长效性。总而言之,办精英学校,离不开社会资源的支持。

(三)教师聘用和教师培训

精英教育的特殊性也对精英高中的教师提出了特殊要求。没有一流的师

资,很难产生一流的学校。中国的重点高中目前正在尝试中国版的"先修课程"(Chinese AP),但必须指出的是,如果好的课程没有好的老师去教,效果往往会大打折扣。我们在第七章专门介绍了美国精英高中的师资情况。在访问这些学校的过程中,我们不时能感受到教师资质的重要性。比如,北卡罗来纳数理高中组织学生讨论《傲慢与偏见》的文学老师具有博士学位,并有在大学任教的经历。学位、教龄在其次,没有一定的文学功力,就无法传达这部作品中人物对话的妙处,就像无法曲尽《红楼梦》里对话的奥妙一样。又如,笔者曾在新泽西州的高科技高中旁听了一节运用力学和数学原理进行机械设计的项目学习课"老鼠夹变身两轮车",任课老师是有三十多年工作经验的退休工程师。再如,笔者在纽约城市学院数理高中亲历的电路课,任课老师具有十年硅谷工程师的经历。由此可见,引进那些具有丰富经验、能够教授高端专业课程的教师应成为中国重点高中的一项重要任务。

此外,精英高中教师自身的不断学习和发展,也是学校成功的关键。在这一点上,中国基础教育教师的"传、帮、带"传统是一个优势。事实上,我们在访问过程中发现,有些美国精英高中甚至在学习中国(以及日本)这种带有东方文化色彩的"教师专业发展"实践。由于精英教育中教师的任务与传统的"传授知识"有很大的不同,教师需要提高对主动学习、独立思维和批判思维的价值认同,同时不断探索自身的教学潜能,才能有所建树。在这方面,美国教师有天然的文化优势。

四、精英教育中的文化价值:抱负、眼界、情怀

在"导言"中,我们对什么是"精英",什么是"精英教育"以及高中阶段的"精英教育"的定位作了简单的定义和描述。我们在第一、二、三章中对三类不同学校的自身定位有过介绍,在第六章以及第九章中也稍有论述。这里,我们将把精英教育的三个关键词放在中美教育的背景中,进一步阐述其内涵以及实现精英教育目标的一些基本条件。

(一) 抱负：追求个性化的自我发展

我们将"社会精英"定义为社会中的一个群体，他们创造了对社会有广泛影响力的思想、技术、产品和表达方式，提升了公众的生活体验和质量。简而言之，"精英"是引领社会大众的人群。所谓"抱负"正是指这部分人有强烈的成就动机。在美国，谁有成就的潜能，如何实现卓越，对于这些教育学和心理学问题的回答，经历了从工业化时代的同质化立场到后工业时代的多元化立场的转变。同质化立场的代表是 1994 年出版《钟型曲线》①一书的作者——两位哈佛教授，他们提出了以一般智力为假设和智商测试为手段的"认知精英"（the cognitive elite）的概念。多元化立场以斯腾伯格和加德纳为代表②，他们的智力理论强调人的潜能的多样性和发展性。依据这个观点，精英不是一个同质的、固化的群体，而是机缘和个人特点耦合发展的产物。这一观念的变化反映了工业化时代向后工业时代的嬗变③。在精英教育策略上，体现为不再用"简单粗暴"的智商标准来决定人的潜能，而是鼓励学生以个人的方式展现优势和特长，同时更尊重学生本身的兴趣点和发展优势，成就动机正是建立在这种个性化的自我追求之上。我们在第六章介绍了美国精英高中分层分化的差异化课程给予学生充分的选择，这实际上是在说，实现卓越的方式是个性化的发展，而不是标准化的发展。只有个性化发展，才能激发个人的成就动机和创造力。

中国文化中有天然的追求卓越的抱负，成才的驱动力强，所谓"天行健，君子以自强不息"。对知识的重视也是显著的中华文化特征。但是中国文化也有明显的趋同和守旧趋向，成就动机过于偏向功利诉求（如教育改变命运），而非

---

① Herrnstein, R. J. & Murray, C. (1994). *The bell curve: intelligence and class structure in American life*. New York: Free Press.

② Sternberg, R. J. (1985). *Beyond IQ: a triarchic theory of human intelligence*. Cambridge, England: Cambridge University Press. Gardner, H. (1983). *Frames of mind*. New York: Basic Books.

③ Dai, D. Y. (2010). *The nature and nurture of giftedness: a new framework for understanding gifted education*. New York: Teachers College Press (Columbia University).

丰富多样的个体可能性。中国教育的个性化不足是不争的事实,所幸当前已经开始出现改观,尤其是在重点高中。我们想强调的是,成就动机并不限于学业(更不是以学科成绩和考试成绩论英雄),可以表现在不同方面,如社会组织、艺术表达,等等。

数年前,陆续有批评美国精英大学的书籍出版。曾任耶鲁教授的威廉·德莱赛维茨(William Deresiewicz)写了一本批评美国精英大学的书,认为这些外表光鲜的精英大学有人所未知的一面,它们培养的是"优秀的绵羊"(excellent sheep)[1],顺从有余而批判创新精神不足,精英大学已经从以人文为主的自由教育蜕变为以实用为主的专业教育。他批评美国精英大学学生安于现状、缺乏首创精神。曾任哈佛大学本科院长的哈利·路易斯(Harry Lewis)著书批评哈佛蜕变成敛财工具,失去了原本的自由教育的本色,虽然以"卓越"成就自傲,但却是"没有灵魂的卓越"(书的标题即为"Excellence without a Soul:Does Liberal Education Have a Future")[2]。如果说美国存在这个问题,那么中国的这一问题则更加严重。批判精神、首创精神的前提是个体思想和精神的独立和自由,但中国社会过分依赖权威,缺乏挑战和质疑的氛围,这点中国的教育难辞其咎(虽然教育者也有苦衷)。其实,根据笔者的所见所闻,这些美国精英教育的亲历者和批评者难免以偏概全。但这就是美国,包容一切批评的声音,无论善意或恶意,公道或片面。个性化的卓越和独立的个人见解在这种自由的环境中得到最大保障。真正的伟大成就,往往从质疑权威、思考未来多种可能性开始。这就涉及精英文化的第二个元素:眼界。

(二)眼界:立足观念、技术和社会发展的前沿

一个人眼界的大小,客观上取决于所接触的人和事(包括读过的书和到过的地方),主观上取决于个人丰富和持久的兴趣和探究。从教育的角度来看,眼

---

[1] Deresiewicz, W. (2015). *Excellent sheep:the miseducation of the American elite and the way to a meaningful life.* New York:Free Press.

[2] Lewis, H. (2007). *Excellence without a soul:does liberal education have a future?* New York:Public Affairs.

界的形成,取决于学校课内课外给学生营造的空间。我们在第六章和第九章介绍的一个要点是,美国精英高中学生的视野是开阔的、前沿的。比如私立精英高中的全球教育计划,州长学校对学生面向社会面向未来的种种要求,都在鼓励学生探索和发现"观念、技术和社会发展的前沿",而不是"两耳不闻窗外事,一心只读圣贤书"。斯坦福大学物理系教授、诺贝尔物理学奖获得者,后来成为美国能源部长的朱棣文在高中阶段成绩平平,但读了很多"闲书",这使他有了和一般高中生不同的眼界和兴趣。从成才角度看,这为他后来的个人发展奠定了基础。

课程体系(包括课外活动)的广度和深度,客观上决定了学生眼界的广度和深度。如果课程过于注重技能和知识的掌握而忽视技能和知识背后的社会和文化背景,那么学生可能得到很多知识,却无眼界可言。另外,在一个开放的社会中,一定会有各种不同观点与不同可能的探讨和比较。如果整个社会只有一种声音,那么势必会走向偏激和狭隘,也会造成个体眼界不够、见识不够。这些也是中国教育者需要重视的。

强调眼界的一个重要原因是,一个人的眼界决定了这个人能否"积极作为",还是只"怨天尤人"。假如一个"优秀学生"的视野永远停留在分数得失上,他是无法成为我们所说的精英的。视野开阔、见识前卫的人是面向未来的人,因为永远有吸引他们去探索去实践的事情,永远有"诗和远方"。这就要涉及精英文化的第三个元素:情怀。

(三) 情怀:服务社会的志向和引领社会的信念

除了抱负和眼界,精英还必须拥有"情怀"。情怀是一个较难准确定义的个人品质。如果说"抱负"是动机的,"眼界"是智性的,那么"情怀"就是非智力的情感因素,涉及一个人的基本情愫和志向。既为"社会精英",必有服务社会的志向和引领社会的信念。美国精英挂在口头上的最常见用语,就是如何"有所作为"(make a difference,直译是"改变现状")。最突出的例子是"亚马逊"的创建者杰夫·贝佐斯和"特斯拉"的领导者埃隆·马斯克(当然,还有谷歌的整个团队),他们把有所作为的情怀推向极致。当然,美国有 GAFA(谷歌、苹果、脸书、亚马逊），中国也有 BATX（百度、阿里巴巴、腾讯、小米）。中国的社会在快速赶超，但中国的教育相对滞后。中国的教育大环境依然注重"教化"，而不是真正的"启蒙"和自由教育。更严重的是，比美国学者对美国精英教育的批评更为严厉，人文学者钱理群先生警告，中国的"精英"学校正在培养一些"精致的利己主义者"，他们精于算计，懂得配合，世俗，钻营。这样的人只能是政治上的墙头草，学术上的钻营者，他们可以成为出色的权谋家，但不可能成为出色的政治家、思想家、学术家、科学家、文学家，也不可能成为像贝佐斯、乔布斯那样出色的企业家、创业者。培养出此类学生的学校称不上是精英学校，因为它们违背了精英教育的本质。引领社会的"有所作为"是一种志向，更是一种信念。假如一个社会对优秀人才作"逆淘汰"，而溜须拍马、投机钻营者反而容易得势，那么，精英引领社会的信念就会受到挫折，预示着精英文化的破产。社会的溃烂，从精英的堕落开始。社会的兴盛，需要有理想的精英。中国的精英教育的背后，需要"抱负、眼界、情怀"作为支撑。

结语：他山之石，可以攻玉

如果我们把英国的伊顿公学或法国的路易大帝高中（Lycée Louis le Grand）看作欧洲精英教育的典型乃至先导，把美国的精英高中看作当代精英教育的翘楚，那么，21 世纪的中国能否接力？除了早年"士"的文化，中国的精英教育传统相对薄弱。中国的精英大学，和美国的哈佛、耶鲁、普林斯顿，英国的牛津、剑桥，法国的巴黎高师等还不是一个档次。同样，总体而言，中国的一流高中和史岱文森高中、伊利诺伊数理学院或菲利普斯埃克斯特学院等精英高中代表也还有差距。中华民族的伟大复兴，离不开教育水平的提升，这包括高中阶段的英才教育。我们需要看到中国重点高中近三十年来的许多有益尝试和宝贵经验，没有必要妄自菲薄。同时，也需要看到不足，积极借鉴他人之长。如果读者能从本书介绍的美国精英高中的经验中获得有益的启示，那就实现了本书的初衷。

图书在版编目(CIP)数据

美国精英高中基因解析/戴耘,付艳萍著. —上海:华东师范大学出版社,2019
ISBN 978 - 7 - 5675 - 9252 - 0

Ⅰ.①美… Ⅱ.①戴…②付… Ⅲ.①中学-学校管理-研究-美国②高中-教学研究-美国 Ⅳ.①G637

中国版本图书馆 CIP 数据核字(2019)第 151659 号

美国精英高中基因解析

著 者 戴 耘 付艳萍
策划编辑 彭呈军
审读编辑 沈 苏
责任校对 王丽平
装帧设计 卢晓红

出版发行 华东师范大学出版社
社 址 上海市中山北路 3663 号 邮编 200062
网 址 www.ecnupress.com.cn
电 话 021 - 60821666 行政传真 021 - 62572105
客服电话 021 - 62865537 门市(邮购)电话 021 - 62869887
地 址 上海市中山北路 3663 号华东师范大学校内先锋路口
网 店 http://hdsdcbs.tmall.com

印 刷 者 常熟高专印刷有限公司
开 本 787×1092 16 开
印 张 10
字 数 146 千字
版 次 2019 年 10 月第 1 版
印 次 2019 年 10 月第 1 次
书 号 ISBN 978 - 7 - 5675 - 9252 - 0
定 价 36.00 元

出 版 人 王 焰

(如发现本版图书有印订质量问题,请寄回本社客服中心调换或电话 021 - 62865537 联系)